Schriften zum gesamten Unternehmensrecht

Herausgegeben von
Prof. Dr. Carsten Herresthal, LL.M., Universität Regensburg
Prof. Dr. Wolfgang Servatius, Universität Regensburg

Band 14

Prof. Dr. Carsten Herresthal, LL.M. (Duke)

Reform der AGB-Kontrolle im B2B-Bereich

Rechtslage – Reformdiskussion – Regelungsvorschlag

Nomos

Die Deutsche Nationalbibliothek verzeichnet diese Publikation in der Deutschen Nationalbibliografie; detaillierte bibliografische Daten sind im Internet über http://dnb.d-nb.de abrufbar.

ISBN 978-3-8487-6510-2 (Print)
ISBN 978-3-7489-0596-7 (ePDF)

1. Auflage 2020

Vorwort

Unlängst konstatierte *Gerhard Wagner*, dass bei der Kontrolle allgemeiner Geschäftsbedingungen im Unternehmensverkehr „gesetzgeberisches Handeln geboten“ sei, wenn für Unternehmen Rechtssicherheit geschaffen und die Wettbewerbsfähigkeit des deutschen Rechts international gestärkt werden soll (*G. Wagner*, Rechtsstandort Deutschland im Wettbewerb, 2017, S. 181). Es handelt sich bei dieser Stellungnahme um ein weiteres Glied in der immer länger werdenden Kette jener Stimmen, die eine gesetzgeberische Reform des AGB-Rechts im B2B-Bereich für dringend erforderlich halten und nicht weiter auf eine Änderung der als zu restriktiv bewerteten Rechtsprechung ohne gesetzgeberisches Eingreifen hoffen. Diese Stimmen zielen nicht zuletzt darauf, den mit dem geltenden Recht der AGB-Kontrolle verbundenen Wettbewerbsnachteil des deutschen Privatrechts auf dem Markt der Rechtsordnungen zu beseitigen.

Zugleich handelt es sich bei diesem Plädoyer um einen weiteren Baustein der seit über zehn Jahren andauernden Diskussion über die Notwendigkeit einer Reform des deutschen AGB-Rechts im B2B-Bereich. So hat die *Frankfurter Initiative zur Fortentwicklung des AGB-Rechts im unternehmerischen Verkehr* bereits im Jahr 2011 einen ausführlichen Gesetzgebungsvorschlag vorgelegt. Hinzu sind weitere Regelungsvorschläge aus Wissenschaft und Praxis getreten. Die wesentlichen Argumente, die für und gegen eine solche Reform des AGB-Rechts streiten, wurden in der Zwischenzeit hinreichend ausgetauscht. Es mangelt nicht an ausführlichen Stellungnahmen im Schrifttum sowie aus der Praxis, die eine Reformbedürftigkeit des deutschen AGB-Rechts im unternehmerischen Bereich begründen. Sie verweisen u.a. auf die Gefahr einer Rechtsflucht des unternehmerischen Verkehrs (z.B. zum Schweizer Recht), die Flucht der Praxis in die Schiedsgerichtsbarkeit und die weitreichende Beschränkung von Privatautonomie und Berufsfreiheit der Unternehmen, um nur zentrale Gründe der Befürworter einer Reform in Erinnerung zu rufen. Die Gegner einer solchen Reform des AGB-Rechts melden u.a. mit Blick auf den Zweck der AGB-Kontrolle, die mit neuen Regelungen verbundene Rechtsunsicherheit sowie die Notwendigkeit des angemessenen Schutzes insbesondere kleiner und mittlerer Unternehmen Bedenken gegen eine AGB-Reform an.

Im wissenschaftlichen Diskurs deutlich weniger beleuchtet wurde bislang hingegen die Frage, welche der Reformvorschläge, die in der wissenschaftlichen und rechtspolitischen Diskussion bislang unterbreitet wurden, vorzugswürdig sind, welche Vor- und Nachteile sich mit den einzelnen Regelungsoptionen verbinden und ob aus der Perspektive der Rechtsanwendungspraxis gegen einzelne Vorschläge mehr oder minder gravierende Bedenken zu erheben sind. Erst in jüngster Zeit wurde diese Fragestellung von vereinzelten monographischen Ausarbeitungen aufgegriffen.

Aus diesem Grund wurde ein Workshop an der *Universität Regensburg* am 14. Mai 2019 unter Beteiligung von Wissenschaftlern, Unternehmensvertretern, Verbandsvertretern und Vertretern von Ministerien unter dem Titel „Reform der AGB-Kontrolle im unternehmerischen Geschäftsverkehr" dieser Frage gewidmet. Dabei wurde das „Ob" einer solchen Reform des AGB-Rechts unterstellt, um die Diskussion auf die verschiedenen Ansatzpunkte für eine Neuregelung zu richten. Neben den Regelungsvorschlägen, die bislang im wissenschaftlichen und rechtspolitischen Diskurs präsentiert wurden, rückten darüber hinausgehende alternative Lösungsmöglichkeiten in den Fokus. Hintergrund dieses Workshops war nicht zuletzt, dass sich seit dem Frühjahr 2019 eine Bund-Länder-Arbeitsgruppe dieser Themenstellung widmet. Der Workshop wollte dieser Arbeitsgruppe, für den Fall, dass auch diese die Notwendigkeit einer Reform des AGB-Rechts im B2B-Bereich im Grundsatz befürworten sollte, weitere Erkenntnisse zu den Vorzügen und Nachteilen einzelner Regelungsalternativen in einer solchen Reform an die Hand geben.

Nachfolgend findet sich zunächst ein kurzer Abriss zum *status quo* der AGB-Kontrolle im unternehmerischen Geschäftsverkehr im BGB, mithin eine Skizzierung der entsprechenden Regelungen im BGB, einzelne Hinweise zu den Motiven des Gesetzgebers sowie zu den Grundlinien der höchstrichterlichen Rechtsprechung. Diese Ausführungen gehen inhaltlich auf ein Skript zurück, dass den Teilnehmern des Workshops im Vorfeld der Veranstaltung zur Verfügung gestellt wurde, um die Diskussion vom Zusammentragen der Regelungsvorschläge sowie der aktuellen Rechtslage zu entlasten. Die Ausführungen sollen kurz und präzise den *status quo* der AGB-Kontrolle im unternehmerischen Geschäftsverkehr in seinen wesentlichen Grundlinien abbilden. Sodann folgen knappe Hinweise zu den Regelungen in anderen Rechtsordnungen und zum Zweck der AGB-Kontrolle im deutschen Recht. Im Anschluss daran werden die bislang im wissenschaftlichen und rechtspolitischen Diskurs vorgestellten regelungstechnischen Ansätze zur Modifikation der AGB-Kontrolle im B2B-Bereich für die Diskussion handhabbar zusammengestellt. Neben den jeweils im Wortlaut wiedergegebenen Regelungsvorschlägen finden sich zumeist auch kurze Hinweise zu wesentlichen Argumenten, die für den jeweiligen Regelungsvorschlag angeführt werden, sowie zu etwaigen bereits diskutierten Kritikpunkten.

Sodann folgt der Diskussionsbericht zum Workshop, der in verschiedene Abteilungen unterteilt war. Diese verschiedenen Abteilungen haben sich mit der Beschränkung der AGB-Kontrolle im unternehmerischen Verkehr, mit der Möglichkeit einer Modifikation der Individualabrede sowie der möglichen Modifikation des Maßstabs der Inhaltskontrolle im B2B-Bereich befasst. Zudem findet sich in einem weiteren Abschnitt („Sonstiges") die Diskussion jüngerer (zusätzlicher) Regelungsvorschläge. Dieser Band soll dabei die offene und sehr fruchtbare Diskussion in den verschiedenen Abteilungen des Workshops ergebnisbezogen dokumentieren. Nur der wissenschaftlichen Auseinandersetzung verpflichtet steht dabei das konkrete Argument im Vordergrund, sodass die einzelnen Diskussionsbeiträge, Argumente und Überlegungen nicht konkreten Teilnehmern des Workshops zugeschrieben werden. Der Workshop hat aufgrund der bereits über ein Jahrzehnt andauernden Diskussion dieser Themenstellung versucht, die klassischen Veranstaltungsformate teilweise zu durchbrechen. Nach einführenden Kurzreferaten zu den Abteilungen erfolgte eine strukturierte, offene Diskussion im geschützten Rahmen zwischen fachlich in der Themenstellung sehr gut ausgewiesenen Wissenschaftlern, Vertretern der Wirtschaft (Unternehmen und Verbände) sowie Vertretern von Ministerien. Hierdurch sollte eine Analyse und Diskussion der Themenstellung erreicht werden, welche die erforderliche wissenschaftliche Tiefe und Objektivität gewährleistet, aber auch die durchaus heterogenen Bedürfnisse der Rechtspraxis in die Überlegungen miteinbezieht.

Als ein subjektives Fazit *des Autors* finden sich sodann konkrete Vorschläge zu einer Reform der AGB-Kontrolle im unternehmerischen Geschäftsverkehr mit Blick auf die Beschränkung der AGB-Inhaltskontrolle, die adäquaten Anforderungen an das individuelle Aushandeln sowie an eine wertungsgerechte Modifikation des Maßstabs der Inhaltskontrolle im B2B-Bereich. In diese Vorschläge gehen die Erkenntnisse ein, die der Autor während der Vorbereitung des Workshops und der Befassung mit dieser Themenstellung sowie aus Verlauf des Workshops gewonnen hat. Zugleich werden vorab die Regelungsaufgaben des Gesetzgebers bei einer Reform des AGB-Rechts im Bereich des unternehmerischen Geschäftsverkehrs identifiziert. Dabei wird verdeutlicht, dass eine optimale, wertungsadäquate Reform des AGB-Rechts die drei vorgenannten Fragestellungen aus den Abteilungen des Workshops adressiert, da mit ihnen jeweils eigenständige Regelungsaufgaben für den Gesetzgeber bei einer Reform verbunden sind.

Der Band versteht sich als Beitrag zur Formulierung einer adäquaten, wertungspräzisen Regelung der AGB-Kontrolle im B2B-Bereich; zugleich soll er angemessen handhabbar sein. Hiermit war eine Beschränkung des Umfangs verbunden. Bezweckt ist daher eine konzise Darstellung der Regelungsvorschläge aus Wissenschaft und Praxis zu den einzelnen Regelungsfragen sowie die Zusammenfassung der Diskussion des Workshops mit abschließenden Vorschläge des Verfassers.

Hinzuweisen bleibt noch darauf, dass an dem Workshop an der Universität *Regensburg* auch Vertreterinnen und Vertreter des BMJV sowie der Landesjustizministerien in *Baden-Württemberg*, *Bayern* und *Sachsen* teilgenommen haben. Diese haben sich aktiv an der Diskussion beteiligt. Ihre Teilnahme am Workshop blieb aber auf diese Beiträge zur offenen Diskussion beschränkt. Sofern im Rahmen des nachfolgenden Diskussionsberichts Hinweise z.B. auf ein mehrheitliches Eintreten für eine bestimmte Lösung enthalten sind oder die weit überwiegende Ablehnung einer bestimmten Regelung nachgezeichnet wird, sind diese Meinungsbilder *ohne* Beteiligung der Vertreterinnen und Vertreter des BMJV bzw. der Landesjustizministerien zustande gekommen. Insoweit haben sie sich im Workshop auf eine Zuschauerrolle beschränkt und bei der Erhebung der Meinungsbilder nicht mitgewirkt.

Die Veranstaltung wurde von der *Fritz Thyssen Stiftung für Wissenschaftsförderung* (www.fritz-thyssen-stiftung.de) großzügig gefördert; ihr gilt der besondere Dank für die kurzfristige Ermöglichung dieser Veranstaltung. Die Drucklegung wurde von der *Regensburger Universitätsstiftung* gefördert; dafür gebührt dieser großer Dank. Die Organisation des Workshops erfolgte unter der Regie der *Vereinigung zur Förderung des Deutschen und Europäischen Bank-, Kapitalmarkt- und Unternehmensrechts e.V.* (www.vbu-unternehmensrecht.de), der hierfür ebenfalls gedankt sei.

Prof. Dr. Carsten Herresthal, LL.M. Regensburg, im Dezember 2019

Inhaltsverzeichnis

§ 1 Die AGB-Kontrolle im unternehmerischen Geschäftsverkehr

Als Ausgangspunkt der Reformdiskussion sollen nachfolgend in der gebotenen Kürze die Aussagen in den Gesetzgebungsmaterialien zum AGB-Gesetz sowie der nachfolgenden Reformen, die das AGB-Recht erfasst haben (sogleich unter I.1), ebenso skizziert werden wie die Rechtsprechung des BGH zur AGB-Inhaltskontrolle im unternehmerischen Rechtsverkehr (sogleich unter I.2). Dabei steht im Vordergrund, die einschlägige Rechtsprechung sowie ihre wesentlichen Begründungslinien kurz wiederzugeben, um diese im Rahmen der Reformdiskussion unschwer zur Hand zu haben. Die ausführlichen Kommentierungen zum AGB-Recht sollen weder in Bezug auf ihre detailreiche Abbildung des Rechtsprechungsmaterials noch ihre umfangreiche argumentative Auseinandersetzung mit der Rechtsprechung des BGH zur AGB-Kontrolle ersetzt werden.[1] Darüber hinaus finden sich Hinweise zu Regelungen in anderen Rechtsordnungen (sogleich unter II.). Auch die Regelungsvorschläge im DCFR und für ein Gemeinsames Europäisches Kaufrecht (GEK) werden dokumentiert (sogleich unter III.). Zudem wird der Zweck der AGB-Kontrolle kurz in Erinnerung gerufen (sogleich unter IV.).

I. Der status quo der AGB-Kontrolle im unternehmerischen Geschäftsverkehr

1. Die Aussagen der Gesetzgebungsmaterialien zum AGB-Gesetz

Der **Regierungsentwurf zum AGB-Gesetz** (AGBG) aus dem Jahr 1975 stellte mit Blick auf die AGB-Kontrolle bei einer Verwendung von AGB gegenüber Kaufleuten fest, dass der kaufmännische Rechtsverkehr auf eine

---

1 Vgl. statt aller Staudinger/*Piekenbrock*, 2019, § 310 Rn. 1 ff.; MünchKomm/*Basedow*, 8. Aufl. 2019, § 310 Rn. 2 ff.; BeckOGK/*Richters/Friesen*, 1.12.2018, § 310 Rn. 22 ff.; *Huth*, Kontrolle allgemeiner Geschäftsbedingungen im unternehmerischen Geschäftsverkehr unter Berücksichtigung geltender Gewohnheiten und Gebräuche, 2017, S. 53 ff.

„stärkere Elastizität" angewiesen ist.[2] Auch der damalige Entwurf der Unionsfraktion für ein AGB-Gesetz forderte für Kaufleute „eine differenzierte, ihren besonderen Verhältnissen Rechnung tragende Regelung".[3] Zugleich wurde in der Begründung des Regierungsentwurfs als Zweck des AGB-Gesetzes festgehalten, dass es Aufgabe dieses Gesetzes sein müsse, die „Überlegenheit des AGB-Verwenders zu Gunsten des AGB-Unterworfenen auszugleichen, ohne die Privatautonomie mehr als zur Erreichung dieses Ziels erforderlich einzuengen".[4] Der ursprüngliche Entwurf des AGB-Gesetzes enthielt zudem keine Vorschrift zur Berücksichtigung der im Handelsverkehr geltenden Gewohnheiten und Gebräuche. Allerdings wurde darauf hingewiesen, dass das Schutzbedürfnis im Handelsverkehr regelmäßig nicht so ausgeprägt sei wie im Geschäftsverkehr mit Verbrauchern und eine Risikoverlagerung, die in Verträgen mit Verbrauchern unzulässig sei, im kaufmännischen Geschäftsverkehr sehr wohl zulässig sein könne.[5] Darüber hinaus wird festgehalten, dass der kaufmännische Geschäftsverkehr insbesondere wegen der dort vorherrschenden Handelsbräuche, Usancen und Verkehrssitten auf eine stärkere Elastizität angewiesen sei als der Geschäftsverkehr mit Verbrauchern.[6] Zudem wird deutlich, dass im unternehmerischen Geschäftsverkehr ein anderer Prüfungsmaßstab angewendet werden müsse, ohne dass dieser Maßstab für die Inhaltskontrolle im unternehmerischen Geschäftsverkehr konkretisiert würde.

Im Zuge der **Schuldrechtsreform 2002,** durch welche das AGB-Gesetz in die §§ 305 ff. BGB überführt wurde, schlug der Bundesrat vor, in § 310 Abs. 1 BGB vorzusehen, dass im Rahmen der Inhaltskontrolle von AGB im B2B-Verkehr nicht nur auf die im Handelsverkehr geltenden Gewohnheiten und Gebräuche angemessen Rücksicht genommen werden soll, sondern auch auf „die geringere Schutzbedürftigkeit" von Unternehmern.[7] Dies wurde von der Bundesregierung im RegE zurückgewiesen, da sich die Tatsache, „(d)ass beiderseitige Handelsgeschäfte flexibleren Prüfungskriterien unterliegen als Verbrauchergeschäfte" bereits aus § 310 Abs. 1 BGB ergebe (!).[8] „Im Übrigen würde ein Hinweis auf die 'Schutzbedürftigkeit' von Unternehmen nur zusätzliche Rechtsunsicherheit hervorrufen."[9]

2 Begr RegE BT-Drucks. 7/3919, S. 24.
3 Gesetzentwurf der Fraktion CDU/CSU BT-Drucks. 7/3200, S. 8.
4 Begr RegE BT-Drucks. 7/3919, S. 13.
5 Begr RegE, BT-Drucks. 7/3919, S. 43.
6 Begr RegE BT-Drucks. 7/3919, S. 13.
7 Begr RegE BT-Drucks. 14/6857, S. 17.
8 Begr RegE BT-Drucks. 14/6857, S. 54.
9 Begr RegE T-Drucks. 14/6857, S. 54.

Im Jahr 2011 bat die **Justizministerkonferenz das BMJV**, das AGB-Recht für Verträge zwischen Unternehmen „in geeigneter Weise zu überprüfen und gegebenenfalls erforderliche Änderungen vorzuschlagen, um es für die Unternehmen rechtssicherer zu regeln".[10]

Der **Koalitionsvertrag vom 12. März 2018** widmet sich unter der Überschrift „Modernes Recht für eine moderne Gesellschaft" dem AGB-Recht. Danach wollen die Koalitionsparteien „das AGB-Recht für Verträge zwischen Unternehmen auf den Prüfstand stellen mit dem Ziel, die Rechtssicherheit für innovative Geschäftsmodelle zu verbessern". Dabei sollen jedoch „kleine und mittelständische Unternehmen, die Vertragsbedingungen ihres Vertragspartners aufgrund der wirtschaftlichen Kräfteverhältnisse faktisch akzeptieren, im bisherigen Umfang durch das AGB-Recht geschützt bleiben".[11]

2. Die Rechtsprechung des BGH zur AGB-Inhaltskontrolle im unternehmerischen Geschäftsverkehr

Die Rechtsprechung des BGH zur Verwendung von AGB im unternehmerischen Geschäftsverkehr wird durch **zentrale Bausteine** charakterisiert, die nachfolgend kurz skizziert werden sollen. Dabei ist durchaus eine Tendenz dahingehend zu erkennen, dass die Anforderungen der Rechtsprechung im Rahmen der AGB-Kontrolle strenger werden.[12] Eine Auflockerungstendenz ist jedenfalls nicht erkennbar. Als rechtstatsächlicher Hintergrund ist allerdings zu bedenken, dass die meisten Streitigkeiten des unternehmerischen Rechtsverkehrs nicht von staatlichen Gerichte, sondern von Schiedsgerichten entschieden werden, deren Entscheidungen typischerweise (weiterhin) unveröffentlicht bleiben. Zudem treten zu den nachfolgend genannten Aspekten noch allgemeine Grundsätze der AGB-Kontrolle hinzu, wie z.B. das „Verbot" der geltungserhaltenden Reduktion.[13]

---

10 Beschluss der 82. Konferenz der Justizministerinnen und Justizminister am 18. und 19. Mai 2011 in Halle (Saale), TOP I.16.

11 Koalitionsvertrag zwischen CDU, CSU und SPD vom 12. März 2018, 19. Legislaturperiode, Rn. 6188–6190.

12 So auch *Sommerfeld* RIW 2018, 741, 742 (BGH stellt die Stellschrauben der AGB-Kontrolle beständig fester); eine Einebnung der Unterschiede zwischen dem Schutz des Verbrauchers und Unternehmen u.a. mit Blick auf das Transparenzgebot konstatiert auch *Graf von Westphalen* NJW 2019, 2214, 2217.

13 BGH NJW-RR 2004, 1498; BGH NJW 2013, 991 Rn. 25.

a) Das enge Verständnis der Individualabrede

Zum Ersten legt der BGH auch bei der Verwendung von AGB im unternehmerischen Geschäftsverkehr ein überaus **enges Verständnis der Individualabrede** zu Grunde.[14] Er verlangt, dass die Klausel vom Verwender ernsthaft zur Disposition gestellt wird, eine nur theoretische Bereitschaft zum Aushandeln reicht nicht aus.[15] Die ständige Rechtsprechung fordert demnach, dass ein „Aushandeln" mehr verlangt als ein bloßes „Verhandeln", so dass der Verwender den in seinen AGB enthaltenen gesetzesfremden Kerninhalt der konkreten Klausel **inhaltlich ernsthaft zur Disposition stellen** und dem Verhandlungspartner Gestaltungsfreiheit zur Wahrung eigener Interessen einräumen muss mit zumindest der realen Möglichkeit, den Inhalt der Vertragsbedingungen zu beeinflussen.[16] Der Verwendungsgegner müsse „zumindest die reelle Möglichkeit" haben, die inhaltliche Ausgestaltung der Vertragsbedingungen zu beeinflussen".[17] Dies komme **in aller Regel durch erkennbare Änderungen des vorformulierten Textes** zum Ausdruck. Allenfalls unter besonderen Umständen könne eine Vertragsklausel im Rahmen der AGB-Kontrolle auch dann als Ergebnis eines Aushandelns gewertet werden, wenn es schließlich nach gründlicher Erörterung durch die Parteien bei dem ursprünglich gestellten Entwurf verbleibe.[18] Nur in überaus engen Grenzen ist nach der Rechtsprechung zudem eine Kompensation im Rahmen eines Aushandelns nach § 305 Abs. 1 S. 3 BGB möglich, indem bestimmte Nachteile einer Klausel für den Verwendungsgegner mit Vorteilen anderer Klauseln für ihn kompensiert werden können.[19] Ein Aushandeln soll aber dann nicht vorliegen,

---

14 Vgl. BGH NZBau 2016, 213; s. schon BGH NJW 1977, 624, 625.

15 Vgl. schon BGH NJW-RR 1986, 54; BGH NZBau 2016, 213 Rn. 26.

16 BGH NJW 2005, 2543, 2544; BGH NJW 2013, 856, 858 – bring or pay I; BGH NZBau 2016, 213 – bring or pay II; BGH ZIP 2014, 924 = NJW 2014, 1725, 1727; BGH ZIP 2016, 474 = NJW 2016, 1230, 1232; BGH ZIP 2017, 1654; zur Unwirksamkeit einer formularmäßigen Klausel über als „Entgelt für individuelle Beratungsleistung" bezeichnete Bearbeitungsentgelte jüngst BGH WM 2019, 678; zur Kritik an dieser Rechtsprechung vgl. nur *Miethaner* NJW 2010, 3121; *Maier-Reimer* NJW 2017, 1; monographisch *Miethaner*, AGB-Kontrolle versus Individualvereinbarung, 2010.

17 BGH ZIP 2017, 1654 Rn. 23; BGH NZBau 2016, 123, 125; BGH NJW 2013, 856, 858.

18 BGH NJW 2013, 856 Rn. 10 m.w.N. – Bring or Pay I; BGH ZIP 2000, 314 = NJW 2000, 1110, 1111.

19 BGH ZIP 2003, 535 = NJW 2003, 888, 891; s.a. BGH ZIP 2015, 1332 = NJW 2015, 2571, 2572.

wenn die für den Vertragspartner des Verwenders nachteilige Wirkung der Klausel nur abgeschwächt wird, ohne dass der gesetzesfremde Kerngehalt der Klausel vom Verwender ernsthaft zur Disposition gestellt wurde.[20] Darlegungs- und Beweislast dafür, dass eine einzelne Klausel tatsächlich auf Wunsch des Vertragspartners des Verwenders abgeändert worden ist und daher eine Individualvereinbarung darstellt, obliegt stets dem Verwender.[21] Der BGH hat diese strengen Anforderungen bekanntlich auch auf den unternehmerischen Rechtsverkehr übertragen.[22] Er hat die Anforderungen zudem in jüngster Zeit weiter verschärft.[23]

Den in der Praxis üblichen Weg, wonach Parteien ausführlich über den Vertrag verhandeln und der Klauselgegner den abgestimmten Vertragsentwurf erst nach einer **intensiven juristischen Überprüfung** billigt, hat der BGH verworfen. Er verlangt vielmehr, dass der Klauselgegner die Klausel „als in der Sache gerechtfertigt in (seinen) rechtsgeschäftlichen Willen aufgenommen hat".[24] Insofern ist relevant, dass die mehrfache Nutzung der Klauseln ein Indiz für die Qualifikation von AGB ist und der BGH zudem den „Anschein" für eine mehrfache Verwendung ausreichen lässt.[25]

Bestrebungen in der Praxis, diesem engen Verständnis der Individualabrede **auszuweichen** und die Klauselkontrolle gleichwohl durch eine Individualabrede auszuschließen, tritt der BGH regelmäßig entgegen. Danach soll eine Bestätigung der unternehmerischen Vertragsparteien im Verhandlungsprotokoll, wonach die Vertragsklauseln im Sinne einer Individualabrede ausgehandelt worden seien, nicht ausreichen.[26] Nicht ausreichend ist, wenn der Verwender mit dem Gegenüber vereinbart, dass der Vertrag im Einzelnen „ernsthaft und ausgiebig verhandelt" wurde, wie in einer Vertragsklausel festgehalten wird.[27] Auch liegt nach dem BGH kein Aushandeln der Klauseln im Einzelfall vor, wenn dem Verwendungsgegner der Vertragsentwurf mit den AGB-Klauseln verbunden mit der Bitte übersandt wurde, Anmerkungen oder Änderungswünsche dem Verwender mitzutei-

---

20 BGH NZBau 2016, 213, 215 – Bring or Pay II.
21 BGH ZIP 2014, 924.
22 BGH WM 2017, 1652 Rn. 24; BGH NJW 2013, 856 Rn. 10.
23 BGH NZBau 2016, 213 – Bring or Pay II; s.a. BGH NJW 2017, 2346 - Paketlösung.
24 BGH NJW 2013, 856 Rn. 13.
25 Vgl. BGH NJW 2009, 3717 Rn. 42; BGH NJW 2004, 502, 503.
26 BGHZ 200, 326 = NJW 2014, 1725 Rn. 27; BGH NZBau 2016, 213 Rn. 25.
27 BGH ZIP 2014, 924; zu seltenen Ausnahmen BGH NJW-RR 2017, 1574; BGH NJW 1998, 1066.

len.[28] Eine alternative Auswahlmöglichkeit zwischen verschiedenen Klauseln für den Verwendungsgegner, zwischen denen dieser vor Vertragsschluss frei wählen konnte, soll nicht für die Bejahung einer Individualabrede ausreichen.[29] Auch langandauernde Verhandlungen über den Inhalt des Vertrages reichen nicht aus.[30]

b) Die Indizwirkung der Klauselverbote im unternehmerischen Geschäftsverkehr

Zum Zweiten folgt bekanntlich für den BGH aus den Klauselverboten in den §§ 308, 309 BGB eine **„Indizwirkung" für den unternehmerischen Geschäftsverkehr.**[31] Nach § 310 I 1 BGB finden die § 305 II, III, § 308 Nr. 1, 2–8 und § 309 keine Anwendung auf AGB, die gegenüber einem Unternehmer verwendet werden. § 307 I, II findet in den Fällen des § 310 I 1 BGB „insoweit Anwendung, als dies zur Unwirksamkeit von in § 308 Nr. 1, 2–8 und § 309 genannten Vertragsbestimmungen führt". Die Inhaltskontrolle erfolgt mithin am Maßstab des § 307 BGB, wobei „auf die im Handelsverkehr geltenden Gewohnheiten und Gebräuche ... angemessen Rücksicht zu nehmen (ist)". Die Klauselverbote der §§ 308, 309 BGB finden somit keine unmittelbare Anwendung.[32] Bereits 1984 hat der BGH allerdings erstmals eine Indizwirkung der Klauselverbote des früheren § 11 AGBG für eine unangemessene Benachteiligung im kaufmännischen Verkehr bejaht.[33] Allerdings hat er damals noch ausdrücklich betont, dass zu prüfen sei, ob die Klausel nicht wegen der besonderen Interessen und Bedürfnisse des kaufmännischen Geschäftsverkehrs ausnahmsweise als angemessen angesehen werden kann. Im weiteren Verlauf wurden die Klauselverbote zur Ausfüllung der Inhaltskontrolle und Konkretisierung des Benachteiligungsverbotes des damaligen § 9 AGBG kontinuierlich restriktiver herangezogen.[34]

---

28 BGH ZIP 2016, 474.

29 BGH NJW 2017, 2346; BGH NJW-RR 2018, 814.

30 BGH NJW 2013, 856; BGH ZIP 1987, 1576 = NJW 1988, 410, 411.

31 Vgl. BGH NJW 2016, 2173, Rn. 30; BGHZ 90, 273, 278 = NJW 1984, 1750, 1751; grundlegend BGHZ 174, 1 Rn. 12 = NJW 2007, 3774, 377; zur Anwendung des Transparenzgebots vgl. nur BGH NZG 2019, 703.

32 BGH NJW 2007, 3774.

33 BGHZ 90, 273, 278 = NJW 1984, 1750, 1751.

34 BGHZ 91, 375, 383 ff. = NJW 1984, 2404, 2405; BGHZ 92, 312, 316 = NJW 1985, 319, 320; vgl. auch BGH NJW 2002, 2388, 2389, wo sogar offengelassen wurde,

Paradigmatisch ist die Indizwirkung von § 309 Nr. 8b BGB[35], d.h. der Ablehnung einer Verjährungsverkürzung im unternehmerischen Geschäftsverkehr.[36] Auch § 308 Nr. 1 BGB, wonach eine klauselmäßige übermäßig lange Annahmefrist verboten ist, wird von der Rechtsprechung eine Indizwirkung für den unternehmerischen Geschäftsverkehr zugesprochen.[37]

Abgelehnt wurde die Indizwirkung bei § 11 Nr. 12a AGBG.[38] Auch § 11 Nr. 6 AGBG wurde nicht übertragen.[39] Zudem wurden teilweise trotz indizieller Bedeutung branchentypische Besonderheiten und Branchenübungen berücksichtigt.[40] Diese Rechtsprechung wurde auf die §§ 307 ff. BGB und ausdrücklich auf § 308 BGB übertragen.[41] Abgelehnt wurde eine Indizwirkung daher bei § 309 Nr. 9a und c BGB.[42] Entscheidungen, bei denen der BGH eine indizielle Bedeutung der Klauselverbote bejaht hat, zugleich aber branchentypische Besonderheiten und die im betroffenen Geschäftsverkehr bestehenden Branchenübungen bei der Inhaltskontrolle am allgemeinen Maßstab berücksichtigt hat, liegen durchaus länger zurück.[43]

c) Das Leerlaufen der Berücksichtigung der im Handelsverkehr geltenden Gewohnheiten und Gebräuche

Darüber hinaus ist festzustellen, dass der Regelung in § 310 Abs. 1 S. 2 HS. 2 BGB **letztlich keine praktische Bedeutung** zukommt.[44] Mit dieser Regelung ordnet das BGB für die Inhaltskontrolle von AGB, die gegenüber einem Unternehmer verwendet werden, am Maßstab von § 307 Abs. 1

---

ob der Verwendungsgegner ein Unternehmer ist, da der kaufmännische Geschäftsverkehr insoweit keine Besonderheiten aufweise.

35 Die Regelung entspricht § 11 Nr. 10f AGBG a.F.

36 BGHZ 90, 273= NJW 1984, 1750.

37 BGH NJW 2016, 2173 Rn. 30.

38 BGH NJW-RR 1997, 942.

39 BGHZ 154, 171, 183 = NZM 2003, 476, 479.

40 BGH NJW-RR 1997, 1253, 1255; BGHZ 103, 316 = WM 1997, 1817, jeweils zu Haftungsfreizeichnungspraxis.

41 BGH NJW-RR 2013, 1028 Rn. 53.

42 BGH III ZR 126/17 WM 2019, 271 Rn. 22; BGH NJW-RR 2012, 626 Rn. 13.

43 Vgl. BGH NJW-RR 1997, 1253, 1255; BGHZ 103, 316 (Urt. vom 3.3.1988).

44 Vgl. unlängst BGH ZIP 2017, 1610 = NJW 2017, 2986, 2890 (Bearbeitungsentgelt); tendenziell restriktiv auch BGH BeckRS 2011, 12172 Rn. 31, wonach erforderlich sei, dass eine Regelung seit langem gebräuchlich ist und so in der betroffenen Branche zur Gewohnheit geworden sei.

und 2 BGB an: „auf die im Handelsverkehr geltenden Gewohnheiten und Gebräuche ist angemessen Rücksicht zu nehmen." Grund für dieses Leerlaufen ist, dass bislang keine Einigkeit darüber erzielt wurde, ob § 310 BGB nur Handelsbräuche im Sinne von § 346 HGB erfassen will,[45] oder ob mit dieser Regelung auch „branchenübliche Klauselgestaltungen" erfasst werden, die sich noch nicht zu einem Handelsbrauch im Sinn von § 346 HGB verdichtet haben.[46] Eine ältere Ansicht, nach der die Formulierung keine eigenständige Bedeutung hat, sondern lediglich als weiterer Hinweis des Gesetzgebers aufgefasst wird, bei der Inhaltskontrolle die Flexibilität des Handelsverkehrs sicherzustellen,[47] hat sich damit bewahrheitet. Auch nach der Rechtsprechung wird die Regelung mit Blick auf § 346 HGB eng verstanden. Dort fehlt es in der Regel an entsprechenden Handelsbräuchen im Sinne von § 346 HGB, die eine entsprechende Relevanz für das AGB-Recht entfalten könnten.[48] Denn auch bei einer Vielzahl gleichlautender Verträge ist grundsätzlich noch kein Handelsbrauch i. S. d. § 346 HGB zu bejahen.[49]

Zudem ist zu berücksichtigen, dass der BGH an einer **generalisierenden Betrachtungsweise** festhält und ausdrücklich ablehnt, zwischen Unternehmen mit größerer oder geringerer Verhandlungsmacht zu differenzieren. Vielmehr betont er eine gebotene überindividuelle und generalisierende Betrachtungsweise bei der AGB-Kontrolle, sodass es nicht darauf ankomme, ob der Vertragspartner aufgrund seiner Verhandlungsmacht die Möglichkeit gehabt hätte, für ihn günstigere Vereinbarungen mit Blick auf den Inhalt der AGB zu treffen.[50]

d) Das Heranziehen des (vermeintlichen) gesetzgeberischen Leitbildes

Zum Dritten wendet der BGH auch bei der AGB-Kontrolle im unternehmerischen Geschäftsverkehr das **Leitbild des dispositiven Gesetzes** an.[51] Dabei wird der Wortlaut des § 307 Abs. 2 Nr. 1 BGB, wonach eine unange-

---

45 Vgl. MünchKomm/*Basedow*, 8. Aufl. 2019, § 310 Rn. 17 ff.

46 Vgl. Staudinger/*Piekenbrock*, 2019, § 310 Rn. 30 f.

47 *Rabe* NJW 1987, 1978, 1983.

48 Vgl. auch dazu BGH ZIP 2017, 1610 = NJW 2017, 2986, 2990 (Bearbeitungsentgelt).

49 BGH ZIP 2017, 1610 = NJW 2017, 2986, Rn. 57 (Bearbeitungsentgelt).

50 BGH ZIP 2017, 1610 = NJW 2017, 2986 Rn. 71 (Bearbeitungsentgelt); BGH NJW 2014, 206 Rn. 27.

51 Vgl. nur BGH ZIP 2017, 1610 = NJW 2017, 2986 Rn. 38.

messene Benachteiligung „im Zweifel“ dann vorliege, wenn die Bestimmung mit wesentlichen Grundgedanken der gesetzlichen Regelung, von der abgewichen wird, nicht zu vereinbaren ist, sehr restriktiv angewendet. Demnach finden sich allenfalls vereinzelte Ausnahmefälle, in denen der BGH bei einer entsprechenden Abweichung der Klauselinhalte von den wesentlichen Grundgedanken der gesetzlichen Regelung diese Zweifelsregelung als widerlegt angesehen hat.

Jüngstes und besonders drastisches Beispiel für die Bedeutung des (vom BGH formulierten) gesetzlichen Leitbildes in der AGB-bezogenen Rechtsprechung ist die Ablehnung von Bearbeitungsentgelten für Bankdarlehen an unternehmerische Kunden. Entsprechende klauselmäßige Entgelte werden vom BGH mit Blick auf das (behauptete) gesetzliche Leitbild des § 488 Abs. 1 S. 2 BGB und dem (angeblich) festgehaltenen laufzeitabhängigen Entgelt für die Darlehensgewährung verworfen, ohne dass zumindest im B2B-Bereich eine zulässige Abweichung von diesem (behaupteten) Leitbild des § 488 Abs. 1 S. 2 BGB anerkannt wird.[52]

e) Die Unterscheidung zwischen Preisabrede und Preisnebenabrede mit Unklarheitenregel

Zum Vierten unterscheidet der BGH bei der Verwendung von AGB gegenüber Verbrauchern ebenso wie gegenüber Unternehmern zwischen **Preisabreden**, die grundsätzlich nicht kontrollfähig sind, und **Preisnebenabreden**, die grundsätzlich kontrollfähig sind. Zu den (kontrollfreien) Preisabreden zählen danach Vereinbarungen über Art und Umfang der vertraglichen Hauptleistungspflicht und die dafür zu zahlende Vergütung[53] sowie Klauseln, die ein Entgelt für eine rechtlich nicht geregelte, zusätzlich angebotene Sonderleistung vorsehen.[54] Als (kontrollfähige) Preisnebenabreden[55] werden hingegen Entgeltregelungen qualifiziert, die keine echte (Ge-

52 BGH NJW 2017, 2986 Rn. 38; BGH NJW-RR 2019, 625; für die Übertragung des Leitbildes im Mietrecht jüngst OLG Dresden NZM 2019, 412.

53 Vgl. nur BGH NJW 2011, 1801 Rn. 26; BGH WM 2002, 1355, 1356; BGHZ 143, 128, 138 f. = WM 2000, 367.

54 BGH NJW 2017, 2538 Rn. 22; BGH NJW 2014, 2420, 2422; BGHZ 180, 257 Rn. 16; BGHZ 161, 189, 190 f. = NJW 2005, 1275.

55 Vgl. nur BGHZ 195, 298 = ZIP 2012, 2489 Rn. 13; BGHZ 187, 360 = ZIP 2011, 263 Rn. 26; BGHZ 180, 257 = ZIP 2009, 1106 Rn. 16; BGHZ 161, 189, 190 f.; BGHZ 141, 380, 382 f. = WM 1999, 1271; BGHZ 137, 27, 31 = WM 1997, 2244; BGHZ 136, 261, 264 = WM 1997, 1663; BGHZ 124, 254, 260 = WM 1993, 2237;

gen-)Leistung zum Gegenstand haben, sondern mit denen der Klauselverwender allgemeine Betriebskosten, seinen Aufwand für die Erfüllung eigener gesetzlicher oder nebenvertraglich begründeter Pflichten oder für sonstige Tätigkeiten auf den Kunden abwälzt, die der Verwender im eigenen Interesse erbringt.[56] Für die Abgrenzung zwischen Preisabrede und Preisnebenabrede, deren Grenzen unklar sind, seien die Verständnismöglichkeiten eines durchschnittlichen Vertragspartners maßgeblich. Denkbare, praktisch aber fernliegende und nicht ernstlich in Betracht zu ziehende Verständnismöglichkeiten bleiben daher von der Rechtsprechung unberücksichtigt. Bei Auslegungszweifeln wendet der BGH allerdings die **Zweifelsregelung des § 305c Abs. 2 BGB entsprechend** an und gelangt so regelmäßig zu einer Preisnebenabrede und damit zur inhaltlichen Kontrollfähigkeit einer Klausel.[57]

3. Die Forderungen nach einer gesetzgeberischen Korrektur des AGB-Rechts

Es fehlt im Schrifttum nicht an Vorschlägen, die Rechtsprechung zur AGB-Kontrolle im B2B-Bereich **de lege lata**, mithin durch ein abweichendes Verständnis des geltenden Rechts zu modifizieren.[58] Diese konnten aber bislang weder die h.Lit. noch die (höchstrichterliche) Rechtsprechung überzeugen.

Die Forderungen nach einer gesetzgeberischen Korrektur der AGB-Kontrolle im unternehmerischen Geschäftsverkehr **de lege ferenda** sind daher

---

BGHZ 114, 330, 333 = WM 1991, 1113; zu den verschiedenen Kategorien näher *Nobbe* WM 2008, 185, 187–190.

56 Die mangelnde Berechtigung dieser nur wenig verbrämten Postulierung eines im Gesetz nicht hinreichend verankerten judikativen Gebots zum Einheitsentgelt („all-inclusive-Entgelt") bzw. dem Verbot einer (verursachungsgerechten) Bepreisung ist angesichts der technischen Möglichkeiten zur individualisierten Bepreisung der konkret erbrachten Leistungen mittlerweile offenkundig; krit. zu Recht *Niebling* NJ 2017, 133, 140.

57 Vgl. nur BGH NJW 2017, 2538 Rn. 25; BGHZ 187, 360 = NJW 2011, 1801 Rn. 29; BGH WM 2010, 1161 Rn. 14; BGH WM 2010, 1451 Rn. 31; krit. hierzu *Herresthal* ZIP 2015, 1949, 1954.

58 Vgl. statt aller *Berger/Kleine* BB 2007, 2137; *Hochbaum*, NJW Editorial Heft 51/2008; *Kessel/Jüttner* BB 2008, 1350; *Lenkaitis/Löwisch* ZIP 2009, 441; *Kessel/Stomps* BB 2009, 2666; *Berger* ZIP 2006, 2149; *Graf v. Westphalen* NJW 2009, 2977.

Legion.[59] Durch die Änderungen soll die Anwendbarkeit der AGB-Kontrolle auf das ursprünglich vom Gesetzgeber wohl vorgesehene Maß zurückgeführt werden. Dabei wird betont, dass das AGB-Recht ein entscheidendes, wenn nicht sogar das entscheidende Hindernis für die Wahl des deutschen Rechts im B2B-Bereich sei.[60] Den Vorschlägen stets immanent ist der Ruf nach einer adäquaten Berücksichtigung der unternehmerischen Praxis.[61] Unlängst wurde zudem auf das Vorliegen eines wettbewerbswidrigen Verhaltens bei der Verwendung unwirksamer AGB und die hiermit verbundene Gefahr von wettbewerbsrechtlichen Abmahnungen bzw. Abmahnwellen hingewiesen.[62] Ein großes Gewicht nehmen auch die Hinweise darauf ein, dass die strenge/unflexible AGB-Kontrolle im B2B-Bereich im deutschen Recht ein überaus gewichtiger Grund für die „Flucht" aus dem deutschen Recht sei, d.h. Unternehmen wählen, soweit möglich, die deutsche Rechtsordnung als maßgebliche Rechtsordnung für den geschlossenen Vertrag ab, um die mit Blick auf AGB größere Flexibilität ausländischen Rechts zu erreichen.[63]

Auch der **69. Deutsche Juristentag** von 2012 hat den Gesetzgeber aufgefordert, eine gesetzgeberische Grundlage für eine weniger starre AGB-Kontrolle im unternehmerischen Geschäftsverkehr zu schaffen. Unter anderem wurde beschlossen: (1) „die Anforderungen an das Aushandeln von Vertragsbedingungen sind den Gepflogenheiten unternehmerischer Vertragsverhandlungen anzupassen" und (2) „die Inhaltskontrolle sollte sich an der guten unternehmerischen Praxis einer Branche, eines Industriesektors

59 Vgl. *Graf von Westphalen* RIW 1999, Editorial Heft 1; *Hobeck* SchiedsVZ 2005, 112; *Berger* NJW 2010, 465; *Dauner-Lieb* Anwaltsblatt 2013, 845; *Pfeiffer* NJW 2017, 913, 917; *G. Wagner*, Rechtsstandort Deutschland im Wettbewerb, 2017, S. 176 ff.; *Maier-Reimer/Niemeyer* NJW 2015, 1713, 1719; *W. Müller* IWRZ 2018, 153; *Herrmann/Lasch* DRiZ 2018, 218, 219; abweichend, aber nicht überzeugend jüngst *Armbrüster* NZA 2019, Beilage 1, 44, 49 ff. (bewegliches System auf dem Boden des geltenden Rechts).

60 *Berger* NJW 2010, 465, 466; *Maier-Reimer* NJW 2017, 1.

61 *Huth*, Kontrolle Allgemeiner Geschäftsbedingungen im unternehmerischen Geschäftsverkehr unter Berücksichtigung geltender Gewohnheiten und Gebräuche, 2017, S. 118.

62 Vgl. *Köhl*, Der Unternehmensjurist 2019, 42 ff.

63 Vgl. *Valdini* ZIP 2017, 7 (auch zur Kombination mit Schiedsklauseln); *Maier-Reimer* 2017, 1,4; *Maier-Reimer/Niemeyer* NJW 2015, 1713, 1719; *Kondring* ZIP 2017, 706; *ders.* RIW 11/2012, Die erste Seite; *Lischek/Mahnken* ZIP 2007, 158, 163; *Pfeiffer*, FS Graf von Westphalen, 2010, S. 555 ff; s.a. damals *Graf von Westphalen* RIW 1999, 1 („Gleichwohl und ganz entschieden: Meidet das deutsche Recht!"); für die insoweit vereinzelten Gegenstimmen vgl. *Sommerfeld* RIW 2018, 741 ff.

bzw. eines Wirtschaftszweigs orientieren".[64] Der **71. Deutsche Juristentag** des Jahres 2016, der sich den technologischen Neuerungen widmete, forderte den Gesetzgeber erneut auf, die Beschlüsse des Deutschen Juristentages von 2012 in Bezug auf die AGB-Kontrolle im unternehmerischen Geschäftsverkehr „aufzugreifen und umzusetzen".[65]

Auch **Stimmen aus der Richterschaft**[66] begrüßen das gesetzgeberische Tätigwerden im Interesse der Rechtssicherheit und der Berücksichtigung praktischer Bedürfnisse. Dabei wird zugleich darauf hingewiesen, dass eine Änderung oder Klarstellung der höchstrichterlichen Rechtsprechung sich allenfalls über einen längeren Entwicklungsprozess verwirklichen ließe. Zudem wird darauf hingewiesen, dass die Reform des AGB-Rechts zumeist auch für komplexe Verträge gefordert werde. Solche Fälle würden sich allerdings regelmäßig von den durch den BGH entschiedenen Fällen im Hinblick auf Interessenlage, Schutzbedürftigkeit und unternehmerische Erfahrung unterscheiden und als komplexe Wirtschaftsstreitigkeiten vielfach gerade nicht vor die staatlichen Gerichte gelangen.

Schließlich hat die Diskussion auch die **Wirtschaftspresse** seit geraumer Zeit erreicht.[67]

4. Die Anforderungen an eine gesetzliche Änderung des AGB-Rechts

Die Anforderungen an eine solche gesetzliche Neuregelung sind unschwer zu formulieren.[68] Erforderlich sind **abstrakt-generelle Regelungen**, deren Anwendung durch die Rechtsprechung eine wertungsgerechte Differenzierung der AGB-Kontrolle im B2B-Bereich ermöglicht. Sinnvollerweise greift die Änderung den (bislang noch überwiegenden) **knappen sprachlichen Duktus**[69] des BGB auf, bemüht sich um sprachliche Klarheit und fügt sich in die Systematik der §§ 305 ff. BGB ein. Idealerweise erfolgt ein

---

64 Verhandlungen des 69. Deutschen Juristentages, München 2012, II/1 S. I 90.

65 Verhandlungen des 71. Deutschen Juristentages, Essen 2016, II/2, S. K 197, Nr. 26.

66 *Herrmann/Lasch* DRiZ 2018, 218, 221 (gesetzgeberisches Tätigwerden im Interesse der Rechtssicherheit und der Berücksichtigung praktischer Bedürfnisse zu begrüßen).

67 Vgl. nur FAZ v. 16.11.2018, *Bomhard/Conradi/Thaler* „Die übergroße Macht des Kleingedruckten".

68 Vgl. schon *Berger* NJW 2010, 465, 467; *Graf v. Westphalen* NJW 2009, 2977, 2982.

69 *H. Schneider*, Gesetzgebung, 3. Aufl. 2002, Rn. 436 ff.

„minimal-invasiver Eingriff“[70], bei dem die Eingriffe in den geltenden Normtext des BGB auf das erforderliche Minimum beschränkt werden. Allerdings ist zu überlegen, eine gesetzliche Konkretisierungsleitung etwaiger abstrakter Begriffe durch **Regelbeispiele** („insbesondere“) aufzunehmen. Alternativ hierzu könnten diese Beispiele in die Gesetzesmaterialien aufgenommen werden, um die Rechtsprechung (in den ersten Jahren nach Inkrafttreten) entsprechend zu steuern. Materiell sind in der Praxis operable Tatbestände zu formulieren, die so **wertungspräzise** wie möglich jene Konstellationen identifizieren, in denen eine AGB-Kontrolle im B2B-Bereich aufgrund einer selbstbestimmten, vom Gesetz zu respektierenden Entscheidung der Parteien bzw. *ex lege* aufgrund eines abzugrenzenden Ausnahmebereichs in B2B-Konstellationen ausscheidet. Dabei wird sicherlich dem **angemessenen Schutz für sog. KMU** im Rahmen der AGB-Kontrolle Rechnung zu tragen sein.[71] Schließlich ist zu gewährleisten, dass **keine Ausstrahlung auf das Verbraucherrecht** erfolgt, mithin die Modifikation der AGB-Kontrolle im B2B-Bereich nicht unmittelbar oder mittelbar die AGB-Kontrolle im B2C-Bereich verändert.

II. Hinweise zu Regelungen in anderen Rechtsordnungen und im CISG

Die Rechtsordnungen von *England*, den *USA*, *Österreich*, der *Schweiz*, *Polen* und *Frankreich* sollen dem unternehmerischen Rechtsverkehr deutlich größere Spielräume bei der Vereinbarung von Vertragsklauseln eröffnen, als das deutsche Recht.[72] So wird in den angloamerikanischen Rechtsordnungen (*England*; *USA*) auf den Einzelfall unter Berücksichtigung der Verhandlungsstärke der Vertragspartner abgestellt. In *Polen* ist die AGB-Kontrolle generell auf Verbraucher beschränkt. Die *Schweiz* stellt auf eine wenig praxisrelevante „Ungewöhnlichkeitskontrolle“ ab, *Österreich* auf das

70 Vgl. schon *Müller/Griebeler/Pfeil* BB 2009, 2658, 2660.

71 Vgl. hierzu *Graf von Westphalen* ZIP 2010, 1110, 1115; *Schäfer* BB 2012, 1231, 1232; zu einer entsprechenden Anforderung an die AGB-Reform auch *Herrmann/Lasch* DRiZ 2018, 218, 220.

72 Vgl. auch den Überblick unten in Anhang II; zur Sonderstellung der deutschen AGB-Kontrolle im unternehmerischen Geschäftsverkehr vgl. nur Staudinger/*Wendland*, 2019, § 307 Rn. 5b; s.a. *Richter*, Allgemeine Geschäftsbedingungen im B2B-Verkehr in Deutschland, der Schweiz und England, 2013, passim; zu den Gründen der Wahl des englischen sowie schweizerischen Rechts unlängst *Rühl*, Building Competence in Commercial Law in the Member States, Study for the JURI Committee, 2018, S. 23 ff.

tatsächliche Ungleichgewicht. Die *französische* Rechtsprechung schränkt die Parteien in der Klauselverwendung im B2B-Bereich lediglich in Extremfällen ein.[73]

Eine aktuelle Neufassung im *belgischen* Recht vom 4.4.2019[74] enthält ein Verbot missbräuchlicher Klauseln für den unternehmerischen Geschäftsverkehr („clauses abusives“) – ohne oder mit Beweis des Gegenteils („sauf preuve contraire“).

In den *Niederlanden* können sich Gewerbetreibende nicht auf die Generalklausel in Art. 6:233 BW berufen, wenn sie mehr als 50 Personen beschäftigen oder als Handelsgesellschaft zur Veröffentlichung eines Jahresabschlusses verpflichtet sind (Art. 6:235 BW). In diesem Fall kann die Unwirksamkeit der Klausel noch aus dem allgemeinen Prinzip folgen, dass das Verhalten der Vertragsparteien mit den Geboten der „Redlichkeit und Billigkeit“ im Einklang stehen muss (Art. 6:2 und 6:248 BW).

Nach **Art. 9 des UN-Kaufrechts (CISG)** sind die Vertragsparteien an zwischen ihnen entstandene Gebräuche gebunden. Zudem sind Gebräuche immer dann stillschweigend in einen Vertrag einbezogen, sobald es sich um weithin bekannte und regelmäßig beachtete Gebräuche handelt, die die Vertragsparteien kannten oder kennen mussten. Hintergrund der Regelung ist, dass die in einer Branche oder einem Verbreitungsgebiet geschäftlich Tätigen nach der Vorstellung des UN-Kaufrecht auch die dort geltenden Gebräuche kennen oder kennen müssen.

CISG Art. 9 (Handelsbräuche und Gepflogenheiten)

(1) Die Parteien sind an die Gebräuche, mit denen sie sich einverstanden erklärt haben, und an die Gepflogenheiten gebunden, die zwischen ihnen entstanden sind.

(2) Haben die Parteien nichts anderes vereinbart, so wird angenommen, daß sie sich in ihrem Vertrag oder bei seinem Abschluß stillschweigend auf Gebräuche bezogen haben, die sie kannten oder kennen mußten und die im internationalen Handel den Parteien von Verträgen dieser Art in dem betreffenden Geschäftszweig weithin bekannt sind und von ihnen regelmäßig beachtet werden.

---

73 Vgl. jüngst zur AGB-Kontrolle im kaufmännischen Geschäftsverkehr nach der Reform des französischen Code civil *Niggemann* RIW 2018, 658.

74 Loi modifiant le Code de droit économique en ce qui concerne les abus de dépandance économique, les clauses abusives et les pratiques du marché déloyales entre entreprises, veröffentlicht am 24.5.2019 (abrufbar unter www.etaamb.be/fr/loi-du-04-avril-2019_n2019011404.html).

III. Die Regelungsvorschläge im DCFR und im Gemeinsamen Europäischen Kaufrecht (GEK)

Der **Vorschlag für ein gemeinsames europäisches Kaufrecht** aus dem Jahr 2011 sieht vor:[75]

> ***II. – 9:405: Meaning of "unfair" in contracts between businesses***
> *A term in a contract between businesses is unfair for the purposes of this Section only if it is a term forming part of standard terms supplied by one party and of such a nature that its use grossly deviates from good commercial practice, contrary to good faith and fair dealing.*

Die Europäische Kommission hat am 11. Oktober 2011 einen **Verordnungsvorschlag über ein gemeinsames Europäisches Kaufrecht** vorgelegt. Dieses war als optionales Instrument geplant, dessen Anwendbarkeit von den Parteien ausdrücklich vereinbart werden muss. Dabei stellt die Begründung darauf ab, dass der grenzüberschreitende Rechtsverkehr durch die im internationalen Geschäftsverkehr stark erhöhten vertragsbedingten Transaktionskosten behindert werde. Zu diesen trage bei, dass der Klauselverwender seine Vertragsbedingungen auf eine Vielzahl unterschiedlicher Rechtsordnung anzupassen habe, was im internationalen Handel eine bedeutend größere rechtliche Komplexität mit sich bringe.[76] In Art. 86 enthält dieser Vorschlag Vorschriften zur AGB-Kontrolle bei der Verwendung zwischen Unternehmern.

---

75 DCFR, Art. II. -9:405; s.a. die europäische Zahlungsverzugsrichtlinie Art. 7 I a.

76 Vgl. Vorschlag für eine Verordnung des Europäischen Parlaments und des Rates über ein Gemeinsames Europäisches Kaufrecht VO KOM (2011) 635 endg., Gründe und Ziele S. 2.

Abschnitt 3 Unfaire Vertragsbestimmungen bei Verträgen zwischen Unternehmern
Artikel 86: Bedeutung von „unfair“ in Verträgen zwischen Unternehmern

1. In einem Vertrag zwischen Unternehmern gilt eine Vertragsbestimmung für die Zwecke dieses Abschnitts nur dann als unfair, wenn
   (a) sie Bestandteil von nicht individuell ausgehandelten Vertragsbestimmungen im Sinne von Artikel 7 ist und
   (b) so beschaffen ist, dass ihre Verwendung unter Verstoß gegen das Gebot von Treu und Glauben und des redlichen Geschäftsverkehrs gröblich von der guten Handelspraxis abweicht.
2. Bei der Prüfung der Unfairness einer Vertragsbestimmung für die Zwecke dieses Abschnitts ist Folgendes zu berücksichtigen:
   (a) das Wesen des Vertragsgegenstands,
   (b) die Umstände des Vertragsschlusses,
   (c) die übrigen Vertragsbestimmungen und
   (d) die Bestimmungen sonstiger Verträge, von denen der Vertrag abhängt.

Die Frage, ob eine konkrete Vertragsbestimmung zwischen den Parteien individuell ausgehandelt ist, adressiert der Vorschlag in Art. 7:

Artikel 7: Nicht individuell ausgehandelte Vertragsbestimmungen

1. Eine Vertragsbestimmung ist nicht individuell ausgehandelt, wenn sie von einer Partei gestellt wurde und die andere Partei nicht in der Lage war, ihren Inhalt zu beeinflussen.
2. Stellt eine Partei der anderen Partei eine Auswahl an Vertragsbestimmungen zur Verfügung, so wird die Bestimmung nicht allein deshalb als individuell ausgehandelt angesehen, weil die andere Partei diese Bestimmung ausgewählt hat.
3. Behauptet eine Partei, eine als Teil von Standardvertragsbestimmungen gestellte Vertragsbestimmung sei nach der erstmaligen Bereitstellung individuell ausgehandelt worden, so trägt diese Partei die Beweislast dafür.
4. In einem Vertrag zwischen einem Unternehmer und einem Verbraucher trägt der Unternehmer die Beweislast dafür, dass eine vom Unternehmer gestellte Vertragsbestimmung individuell ausgehandelt wurde.
5. In einem Vertrag zwischen einem Unternehmer und einem Verbraucher gelten von einem Dritten entworfene Vertragsbestimmungen als vom Unternehmer gestellt, es sei denn, sie wurden vom Verbraucher in den Vertrag eingebracht.

Das **Europäische Parlament** hat in seiner **„Entschließung zum Europäischen Vertragsrecht und zur Überarbeitung des gemeinschaftlichen Besitzstands: weiteres Vorgehen“ vom 23.6.2006** (2005/2022(INI)) daran erinnert, „dass sich der Begriff 'Unternehmen' auf mehr als nur auf Großunternehmen bezieht und auch kleine – sogar aus einer Einzelperson bestehende – Unternehmen umfasst, die häufig speziell auf ihre Bedürfnisse zugeschnittener Verträge bedürfen, in denen ihr relativ schwacher Stand bei Vertragsabschlüssen mit Großunternehmen Berücksichtigung findet". Zudem hat das Parlament gefordert, „dass die Kommission – soweit erforderlich – zwischen Rechtsvorschriften für den Bereich Business to Business einerseits und den Bereich Business to Consumer andererseits unterscheidet und sie gegebenenfalls systematisch voneinander trennt". Zudem hat es Wert darauf gelegt, „dass das Grundprinzip der Vertragsfreiheit Beachtung findet; insbesondere im Rechtsverkehr zwischen Unternehmen".

IV. Der Zweck der AGB-Kontrolle

Der Gesetzgeber des AGB-Gesetzes sah es noch als „Aufgabe des Gesetzes ..., die ... Überlegenheit des AGB-Verwenders zu Gunsten des AGB-Unterworfenen auszugleichen."[77]

Der BGH kommt in ständiger Rechtsprechung dazu, dass die **einseitige Inanspruchnahme der Vertragsgestaltungsfreiheit durch den Verwender** den Schutz der AGB-rechtlichen Inhaltskontrolle auslöst. Dies wird durch verschiedene Formulierungen in ständiger Rechtsprechung betont. So heißt es, dass der Schutzzweck des AGB-Gesetzes die Verhinderung der „einseitige(n) Ausnutzung der Vertragsgestaltungsfreiheit durch eine Vertragspartei" sei.[78] Vergleichbar wird formuliert, dass die AGB-rechtliche Inhaltskontrolle den „Schutz ... gegen die Inanspruchnahme einseitiger Gestaltungsmacht durch den Verwender" gewährleisten solle[79] bzw. die auf einen angemessenen Interessenausgleich abzielenden Regeln des dispositiven Rechts nicht durch „die einseitige Gestaltungsmacht des Verwenders außer Kraft gesetzt" werden dürfen.[80] Eine unangemessene Benachteiligung des Verwendungsgegners ist nach der Rechtsprechung daher dann gegeben, wenn der Verwender auf Grund „einseitiger Vertragsgestaltung missbräuchlich eigene Interessen auf Kosten seines Vertragspartners durch-

---

77 Begr RegE BT-Drucks. 7/3919, S. 13.

78 BGHZ 126, 326, 332 = NJW 1994, 2825, 2826; nicht überzeugend hingegen BVerfG NJW 2011, 1339 Rn. 35 (Kompensation der „mangelnden Verhandlungsmacht").

79 BGH NJW 2010, 1277 Rn. 13.

80 BGH ZIP 2017, 1610 = NJW 2017, 2986, 2991 (Bearbeitungsentgelt).

zusetzen versucht, ohne von vornherein auch dessen Belange hinreichend zu berücksichtigen und ihm einen angemessenen Ausgleich zuzugestehen".[81] Die teleologische Legitimation für die umfangreiche Erstreckung der AGB-Kontrolle auf den unternehmerischen Rechtsverkehr wird nur ausnahmsweise diskutiert.[82]

Zugleich lehnt der BGH eine **Berücksichtigung der *konkreten* Verhandlungsmacht** der beteiligten Unternehmen im konkreten Einzelfall ab und betont: „Nach der gebotenen überindividuellen und generalisierenden Betrachtungsweise [kommt es] nicht darauf an, ob der Vertragspartner ... aufgrund seiner Verhandlungsmacht ... die Möglichkeit gehabt hätte, für ihn günstigere ... Vereinbarungen zu treffen."[83] Dies liegt auf einer Linie mit der Rechtsprechung, nach der die einseitige Inanspruchnahme der Vertragsgestaltungsfreiheit unabhängig von einer besonderen Erfahrung auf dem betreffenden Geschäftsfeld oder einer wirtschaftlichen Überlegenheit bzw. Marktmacht des Verwenders ist.[84] Im Schrifttum wird überwiegend darauf abgestellt, dass der Geltungsgrund für die Inhaltskontrolle von AGB in der asymmetrischen Verteilung von Transaktionskosten liege.[85] Der Klauselverwender könne bei der Vorbereitung der Klauseln für viele Fälle die Kosten auf diese Fälle verteilen, während der Verwendungsgegner die Kosten der Vertragsprüfung, die insbesondere bei komplexen Vertragswerken jene der Erstellung kaum unterschreiten, für den einmaligen Vorgang aufzubringen hat. Dies resultiere in dem „rationalen Desinteresse" des Verwendungsgegners am „Kleingedruckten". Zugleich wird allerdings aus der Richterschaft[86] festgehalten, dass die vom BGH entschiedenen Fälle fast durchweg auf konkreten Konstellationen beruhen, in denen faktisch die wirtschaftlichen Kräfteverhältnisse verschoben waren und Einzelunternehmer eine im konkreten Fall überlegene wirtschaftliche Machtstellung besaßen oder eine wirtschaftliche Abhängigkeit bestand.

(Ganz vereinzelte) **Gegentendenzen** zeigt der BGH in einer Entscheidung zur Wirksamkeit von Preisanpassungsklauseln in einem Erdgasson-

---

81 BGH NJW 2010, 57, 58; BGH NJW 2009, 1334, 1337; BGH NJW 2008, 1064, 1065.

82 Vgl. aber *Axer*, Rechtfertigung und Reichweite der AGB-Kontrolle im unternehmerischen Geschäftsverkehr, 2012, S. 100 ff.; *Schmidt-Kessel* AnwBl 2012, 308.

83 BGH NJW 2017, 2986 Rn. 71; BGH NJW 2014, 206 Rn. 27.

84 BGHZ 183, 220 Rn. 13; BGH WM 2017, 1652 Rn. 70, 71.

85 MünchKomm/*Basedow*, 7. Aufl. 2016, vor § 305 BGB Rn. 5 m.w.N.; Staudinger/*Mäsch*, BGB, 2019, Vorbem. Zu §§ 305 ff. Rn. 4 m.w.N.

86 *Herrmann/Lasch* DRiZ 2018, 218, 221.

dervertrag.[87] Hinsichtlich einer vertraglichen Bindung des Gaspreises an den Heizölpreis unterschied der BGH[88] zwischen Verbrauchern (unzulässig) und Unternehmern (zulässig), da es in einer marktwirtschaftlichen Ordnung die Aufgabe des Unternehmers sei, seine Kosten selbstverantwortlich zu prüfen.[89]

---

87 BGH NJW 2014, 2708.

88 VIII. Zivilsenat.

89 Vgl. BGH NJW 2014, 2708 Rn. 46: „Es ist deshalb in einer marktwirtschaftlichen Ordnung Aufgabe des Unternehmers, selbstverantwortlich zu prüfen und zu entscheiden, ob ein Gaslieferungsvertrag, der eine Bindung des Arbeitspreises für Erdgas an den Preis für leichtes Heizöl vorsieht, für ihn als Kunden akzeptabel ist. Es ist dagegen nicht Aufgabe der Gerichte, die unternehmerische Entscheidung für eine Ölpreisbindung darauf hin zu überprüfen, ob sie sachgerecht ist, und sie gegebenenfalls zu Gunsten des einen Unternehmens sowie zu Lasten des anderen zu korrigieren.“; s.a. BGH NJW 2014, 2715.

§ 2 Die regelungstechnischen Ansatzpunkte zur Modifikation der AGB-Kontrolle

Eine erste Systematisierung erfolgt zunächst mit Blick auf die bisherigen regelungstechnischen Ansatzpunkte zur Modifikation der AGB-Kontrolle im unternehmerischen Bereich. Die nachfolgende Darstellung kategorisiert ohne Anspruch auf Vollständigkeit[90] eine Vielzahl von Vorschlägen aus Wissenschaft und Praxis entlang dreier dogmatischer Anknüpfungspunkte für eine AGB-Reform. Zum einen werden jene Vorschläge aufgenommen, die eine Beschränkung der AGB-Inhaltskontrolle im unternehmerischen Geschäftsverkehr zum Gegenstand haben (sogleich unter I.). Sodann werden die Vorschläge aufgeführt, die sich der Präzisierung der Anforderungen an das individuelle Aushandeln widmen (sogleich unter II.). Schließlich werden Regelungsvorschläge zusammengestellt, welche die Modifikation des Maßstabs der Inhaltskontrolle im B2B-Bereich in den Blick nehmen (sogleich unter III.).

I. Die Beschränkung der AGB-Inhaltskontrolle im unternehmerischen Geschäftsverkehr

1. Ausschluss großvolumiger Verträge aus der AGB-Kontrolle (Wertgrenze)

In dem von *Leuschner* im Auftrag des BMJV erstellten Gutachten[91] schlägt dieser für die Beschränkung der AGB-Kontrolle im unternehmerischen Geschäftsverkehr eine **Wertgrenze von 1 Mio. Euro** vor. So sollen einerseits im Rahmen der Inhaltskontrolle **quantitative Haftungsbeschränkungen** zugelassen werden, andererseits sollen großvolumige Verträge

---

90 Zu weiteren Vorschlägen vgl. u.a. *Kieninger* AnwBl 2012, 301, 304 (zu Individualvereinbarungen); *Graf von Westphalen* ZIP 2015, 1316, 1326 (zur Individualabrede); *Axer*, Rechtfertigung und Reichweite der AGB-Kontrolle im unternehmerischen Geschäftsverkehr, 2012, S. 276 (zur Individualabrede); *Stomps*, Methodik der Klauselkontrolle im unternehmerischen Geschäftsverkehr, 2011, S. 319 (Einfügung eines § 310a BGB zur Regelung von AGB gegenüber Unternehmen).

91 Vgl. auf den Seiten des BMJV www.bmjv.de/SharedDocs/Artikel/DE/2015/02092015_AGB_Recht.html.

durch eine an den Gegenstandswert des Vertrages anknüpfende Wertgrenze von der AGB-Kontrolle ganz ausgeschlossen werden, wobei eine Rückausnahme bei übermäßiger Marktmacht des Verwenders und einem daraus resultierenden Ungleichgewicht zwischen den Vertragsparteien bestehen soll.[92]

§ 309a BGB-E (Ermöglichung summenmäßiger Haftungsbeschränkungen in AGB)

„*Gegenüber Unternehmern, juristischen Personen des öffentlichen Rechts und öffentlich-rechtlichen Sondervermögen kann in Allgemeinen Geschäftsbedingungen die Haftung für fahrlässige Pflichtverletzungen summenmäßig beschränkt werden, wenn*

1. *dem Verwender trotz der Haftungsbeschränkung ein ausreichender Anreiz zum sorgfältigen Handeln verbleibt und*
2. *der Verwender seinen Vertragspartner in geeigneter Weise auf die summenmäßige Haftungsbeschränkung hingewiesen hat.*“

§ 310 Abs. 1a BGB-E:

„*(1a) Wenn das Volumen des Vertrags mindestens eine Million Euro beträgt, finden auch die § 305c, § 307, § 308 Abs. 1a, b und § 309a auf Allgemeine Geschäftsbedingungen, die gegenüber einem Unternehmer, einer juristischen Person des öffentlichen Rechts oder einem öffentlich-rechtlichen Sondervermögen verwendet werden, keine Anwendung, es sei denn, dass der andere Vertragspartner aufgrund relativer Marktmacht des Verwenders von diesem abhängig ist. Steht das Vertragsvolumen bei Vertragsschluss nicht fest, kommt es auf die Erwartung der anderen Vertragspartei an.*“

Begründet wird der Vorschlag damit, dass bei Verträgen jenseits dieser Wertgrenze erwartet werden kann, dass der Analyse- und Verhandlungsaufwand des Verwendungsgegners nicht in einem Missverhältnis zu dem subjektiven Wert für diesen steht.[93] Der maßgebliche Schutzzweck der

---

92 Vgl. auch *Leuschner* ZIP 2015, 1045; *ders.* ZIP 2015, 1326; krit. *Graf v. Westphalen* ZIP 2015, 1316.

93 *Leuschner* ZIP 2015, 1045, 1049; *ders.* ZIP 2015, 1326; *Huth*, Kontrolle Allgemeiner Geschäftsbedingungen im unternehmerischen Geschäftsverkehr unter Berücksichtigung geltender Gewohnheiten und Gebräuche, 2017, S. 132.

AGB-Kontrolle, die Unterlegenheit des Klauselgegners zu überwinden, da sich die Auseinandersetzung mit den konkreten klauselmäßigen Vertragsbedingungen für ihn nicht lohnt, greife daher nicht.[94] Zudem würden durch die Einführung einer absoluten Wertgrenze konzeptionelle Verfehlungen, wie die Bestimmung des Anwendungsbereichs in § 305 Abs. 1 S. 3 BGB durch Feststellen des „Aushandelns", korrigiert. Ausdrücklich abgelehnt wird hingegen, die Anwendung des AGB-Rechts vom „Aushandeln" oder „Verhandeln" abhängig zu machen, da das Verhandeln oder Nichtverhandeln rein opportunistisch motiviert sein könnte. Daher sei ein Systemwechsel unumgänglich.[95] Ein geeignetes normatives Kriterium, das einen solchen Systemwechsel ermögliche, sei eine Wertgrenze.

Als problematisch erweist sich insofern offenkundig das Anknüpfen an ein bestimmtes Vertragsvolumen, mit dessen Bestimmung eine doch nicht unerhebliche Rechtsunsicherheit verbunden ist.[96] Zu nennen sind insofern nur Rahmenverträge, Dauerschuldverhältnisse sowie Vertragsverhandlungen, die durch die Zusammenfassung mehrerer Rechtsgeschäfte sodann die genannte Volumengrenze überschreiten. Letztlich müsste bestimmt werden, was als „Vertrag" i.S. einer solchen Regelung qualifiziert wird, sofern nicht untechnisch auf die in einem Dokument enthaltenen Abreden abgestellt werden soll oder der Ansicht das enge Verständnis der synallagmatischen Abreden zugrunde liegt. Denn es werden nicht selten im Rahmen eines einheitlichen Verhandlungsvorgangs mehrere Rechtsgeschäfte angesprochen und – freilich in getrennten Dokumenten – vereinbart, z.B. Nutzungsrechte, Lizenzierungen, Kompensationsgeschäfte etc. Sofern diese Konstellationen ebenfalls erfasst und einer einheitlichen Wertgrenze unterworfen werden sollen, ist ein funktionales Kriterium für die Zusammenfassung entsprechender Rechtsverhältnisse erforderlich. Andernfalls könnte die bloße Zusammenfassung entsprechender Abreden in einem Dokument bzw. die Aufspaltung auf verschiedene Abreden in getrennten Dokumenten die Wertgrenze auslösen bzw. verhindern.

Darüber hinaus ist das Abstellen auf die relative Marktmacht des Verwenders in mehrfacher Hinsicht fraglich: Zum einen ist die Formulierung „der andere Vertragspartner *aufgrund* relativer Marktmacht des Verwenders von diesem abhängig" (Hervorh. v. Verf.) mit Blick auf § 20 Abs. 1 S. 1

---

94 *Leuschner* ZIP 2015, 1045, 1049; *ders.* ZIP 2015, 1326.

95 *Leuschner* ZIP 2015, 1045, 1049.

96 Vgl. zur Zusammenfassung der Kritik auch *Huth*, Kontrolle Allgemeiner Geschäftsbedingungen im unternehmerischen Geschäftsverkehr unter Berücksichtigung geltender Gewohnheiten und Gebräuche, 2017, S. 315.

GWB zumindest unglücklich, da die Definition der *relativen Marktmacht* im Kartellrecht eine solche Abhängigkeit gerade umfasst. Mithin liegt im Kartellrecht aufgrund der *Abhängigkeit* eventuell eine relative Marktmacht vor, das Unternehmen ist also nicht aufgrund der relativen Marktmacht von dem anderen abhängig. Die Anknüpfung an den Begriff des Kartellrechts mit einer solchen Verschiebung des Inhaltes ist daher abzulehnen. Hinzu tritt, dass sich mit dem Kriterium der Abhängigkeit eine nicht unerhebliche Rechtsunsicherheit verbindet.

Darüber hinaus verbindet sich mit dem Anknüpfen an die Begrifflichkeit des Kartellrechts die Gefahr, dass die nachfolgende Rechtsanwendung im AGB-Recht auch die kartellrechtliche Vermutung für das Vorliegen relativer Marktmacht (§ 20 Abs. 1 S. 2 GWB) entsprechend anwendet und eine weitreichende Rückausnahme (und nicht eine Ausweitung des Ausnahmebereichs von der AGB-Kontrolle im unternehmerischen Verkehr) hierdurch die Folge ist.

Damit kombiniert der Normvorschlag eine zumindest problematische Volumengrenze mit einer Rückausnahme die an zwei überaus unbestimmte Rechtsbegriffe anknüpft. Zudem ist eine Ausweitung der AGB-Kontrolle Folge dieses Ansatzes, wenn tatsächlich vom Verhandeln/Aushandeln Abstand genommen werden und die Individualabrede auch unterhalb der, wie auch immer bestimmten, Wertgrenze nicht zum Ausschluss der AGB-Kontrolle führen sollte.

2. Ausschluss der Inhaltskontrolle bei Rahmenverträgen über Finanzleistungen iSv § 104 Abs. 3 InsO

Das *Deutsche Aktieninstitut DAI* schlägt eine Einschränkung der AGB-Inhaltskontrolle bei Rahmenverträgen für Finanzleistungen nach § 104 Abs. 3 InsO vor. Hinzugefügt werden soll in § 310 BGB ein neuer § 310 Abs. 5:

§ 310 Abs. 5 BGB-E

„Dieser Abschnitt findet keine Anwendung bei Rahmenverträgen über Finanzleistungen im Sinne des § 104 Abs. 3 InsO zwischen professionellen Kunden im Sinne des § 67 Abs. 2 WpHG."

„Professionelle Kunden" im Sinne des § 67 Abs. 2 WpHG sind „Kunden, die über ausreichende Erfahrungen, Kenntnisse und Sachverstand verfügen, um ihre Anlageentscheidungen zu treffen und die damit verbundenen Risiken angemessen beurteilen zu können". Sie sollen typisiert über ausreichend Erfahrung und Sachverstand auf dem Gebiet der von dieser Regelung erfassten Finanzleistungen verfügen, so dass keine Notwendigkeit einer AGB-rechtlichen Inhaltskontrolle mangels Schutzbedürfnis bestehe.[97] Das Deutsche Aktieninstitut betont weiter, dass Rechtssicherheit bei der AGB-Kontrolle dauerhaft nur dann gewährleistet werden kann, wenn die Ausnahme von der AGB-Inhaltskontrolle unabhängig davon gilt, ob diese Rahmenverträge über Finanzdienstleistungen im grenzüberschreitenden oder nationalen Geschäftsverkehr verwendet werden.[98]

Als problematisch erweist sich hierbei nicht nur das Abstellen auf professionelle „Kunden", da die AGB Kontrolle bei weitem nicht auf Kundenbeziehungen beschränkt ist. Darüber hinaus konkretisiert § 67 Abs. 2 WpHG den professionellen Kunden auch mit Blick auf die „Anlageentscheidung", wodurch die Klausel insgesamt deutlich zu eng erscheint.

3. Ausschluss der AGB-Kontrolle bei selbstbestimmter unternehmerischer Entscheidung mit Rückausnahme für Kleinstunternehmen

Die sog. *Frankfurter Initiative zur Fortentwicklung des AGB-Rechts im unternehmerischen Verkehr*[99], die seit dem Jahr 2008 für eine Modifikation der AGB-Kontrolle im unternehmerischen Geschäftsverkehr streitet, schlägt vor, den **Begriff des Aushandelns** in § 305 Abs. 1 BGB zu konkretisieren:

§ 305 Abs. 1 BGB-E

„...Werden Vertragsbedingungen gegenüber einem Unternehmer, einer juristischen Person des öffentlichen Rechts oder einem öffentlich-rechtlichen Sondervermögen verwendet, stellen sie keine Allgemeinen Geschäftsbedingungen dar, soweit die andere Vertragspartei diesen oder dem Vertragswerk insgesamt auf Grund einer selbstbestimmten unternehmerischen Entscheidung zustimmt; eine Abänderung des vorformulierten Vertragstextes bedarf es nicht. Satz 4 gilt nicht, wenn Allgemeine Geschäftsbedingungen gegenüber einem Kleinstunternehmen (entsprechend § 267a HGB) verwendet werden."

97 *Deutsches Aktieninstitut*, Vorschlag zur Entwicklung des AGB-Rechts, 2019, S. 4.
98 *Deutsches Aktieninstitut*, Vorschlag zur Entwicklung des AGB-Rechts, 2019, S. 3.
99 Gesetzgebungsvorschlag zur Änderung des AGB-Rechts im unternehmerischen Geschäftsverkehr, 2018.

Die Verwendung des Begriffes der selbstbestimmten unternehmerischen Entscheidung soll inhaltlich an den zum AGB-Recht anerkannten Grundsatz anknüpfen, dass zur Abgrenzung zwischen AGB und Individualvereinbarung der Maßstab der Selbstbestimmung heranzuziehen ist.[100] Andererseits wird auch der zwischen Unternehmen notwendige Schutz des Schwächeren geboten. Hat die andere Vertragspartei für eine selbstbestimmte unternehmerische Entscheidung keinen Raum, liegen insofern keine Individualvereinbarungen vor, so dass eine gerichtliche Inhaltskontrolle des Vertrages möglich ist.[101] Freilich entspringt der Begriff der *selbstbestimmten unternehmerischen Entscheidung* einer BGH-Entscheidung zum Markenrecht[102] und kennzeichnet dort die Relevanzentscheidung des durch Priorität Begünstigten, die konkrete Marke nicht zu nutzen.

Als **Indizien** für das „im Rahmen einer Gesamtbetrachtung zu beurteilende“ Vorliegen einer „selbstbestimmten unternehmerischen Entscheidung“ des Verwendungsgegners werden u.a. Vertragsverhandlungen über einen längeren Zeitraum, ein früherer Abschluss inhaltsgleicher Bedingungen, die Aufnahme von Änderungswünschen in den Vertragstext, Kenntnis bzw. grob fahrlässige Unkenntnis der rechtlichen und wirtschaftlichen Bedeutung der vorformulierten Vertragsbedingungen, Beistand durch juristische Beratung sowie die Unternehmensgröße genannt.

Die Anknüpfung der Rückausnahme an den Begriff der Kleinstunternehmen gemäß § 267a HGB nimmt Unternehmen, die nicht mehr als zehn Arbeitnehmer haben, von dieser Regelung aus.

Die *Frankfurter Initiative* diskutiert insofern allerdings noch eine Ergänzung, um die Abgrenzung von Konstellationen mit der Verwendung von AGB gegenüber Kleinstunternehmen i.S.v. § 267a HGB zu erleichtern:

§ 305 Abs. 1 BGB-E

…„Der Vertragspartner kann sich auf seine Eigenschaft als Kleinstunternehmen nicht berufen, wenn dies der Verwender nicht erkennen konnte; es obliegt dem Verwender, das Kleinstunternehmen zur Erklärung über seine Eigenschaft als Kleinstunternehmen aufzufordern.“

---

100 *Frankfurter Initiative*, Gesetzgebungsvorschlag zur Änderung des AGB-Rechts im unternehmerischen Geschäftsverkehr, 2018, S. 6.

101 *Frankfurter Initiative*, Gesetzgebungsvorschlag zur Änderung des AGB-Rechts im unternehmerischen Geschäftsverkehr, 2018, S. 6.

102 BGH NJW 2002, 3332.

4. Ausschluss der AGB-Kontrolle bei rechtsgeschäftlichem Verzicht durch Großunternehmen

Im Jahr 2016 wurde von *Wessels* der Vorschlag unterbreitet, im unternehmerischen Geschäftsverkehr die Inhaltskontrolle von AGB dann auszuschließen, wenn der Verwendungsgegner ein großes Unternehmen i.S.d. Bekanntmachung 2003/361/EG ist und dieser zugleich in gesonderter Urkunde auf die AGB-Inhaltskontrolle verzichtet hat.[103]

> ***§ 310 Abs. 1a BGB-E***
> *„Abweichend von Abs. 1 Satz 1 finden § 305 c und § 307 im unternehmerischen Geschäftsverkehr keine Anwendung, soweit Allgemeine Geschäftsbedingungen gegenüber einem großen Unternehmen im Sinne der Bekanntmachung 2003/361/EG oder einem mit einem solchen Unternehmen verbundenen Unternehmen im Sinne von § 15 AktG verwendet werden und diese Vertragspartei in gesonderter Urkunde auf die Anwendung dieser Bestimmungen verzichtet.“*

Grundlage der Einordnung eines Unternehmens als **KMU bzw. großes Unternehmen** ist die von der EU-Kommission angenommene **Empfehlung 2003/361/EG**[104], die seit dem 1. Januar 2005 gilt. Als Unternehmen gilt danach jede Einheit, unabhängig von ihrer Rechtsform, die eine wirtschaftliche Tätigkeit ausübt. Dazu gehören insbesondere auch jene Einheiten, die eine handwerkliche Tätigkeit oder andere Tätigkeiten als Ein-Personen- oder Familienbetriebe ausüben, sowie Personengesellschaften oder Vereinigungen, die regelmäßig einer wirtschaftlichen Tätigkeit nachgehen. Sodann finden sich Mitarbeiterzahlen und finanzielle Schwellenwerte zur Definition der Unternehmensklassen.

Danach sind allerdings für die Einordnung eines Unternehmens als KMU nicht allein die reinen Kenndaten entscheidend, sondern die Unternehmensstruktur ist ebenfalls zu berücksichtigen. KMU, die Teil einer größeren Unternehmensstruktur sind, können sich nach der Kommission anders als „echte“ KMU auf eine stärkere wirtschaftliche Position stützen und werden daher nach dem Willen der Kommission vom KMU-Begriff ausgenommen, da sie nicht von Unterstützungsmaßnahmen für KMU profitieren sollen. Ob ein Unternehmen als KMU anerkannt werden kann,

---

103 Vgl. zur Genese *Müller* IWRZ 2018, 153.

104 Empfehlung der Kommission vom 6.5.2003 betreffend die Definition der Kleinstunternehmen sowie der kleinen und mittleren Unternehmen, ABl. EU Nr. L 124, S. 36 v. 20.5.2003.

kann daher nur eingeschränkt schematisch bestimmt werden. Die Empfehlung unterscheidet im Grundsatz als Größenklassen „Kleinstunternehmen" sowie „kleine und mittlere Unternehmen (KMU)". Grundlegend sind hierfür die folgenden Kenndaten des EU-Rahmens.

Unternehmens-kategorie	**Zahl der Mitarbeiter**	**Umsatz oder**	**Bilanzsumme**
mittelgroß	unter 250	höchstens 50 Mio. €	höchstens 43 Mio. €
klein	unter 50	höchstens 10 Mio. €	höchstens 10 Mio. €
mikro	unter 10	höchstens 2 Mio. €	höchstens 2 Mio. €

Eine **alternative Abgrenzung** könnte zwischen kleinen und mittelgroßen/großen Unternehmen entsprechend **§ 267 HGB** erfolgen, der in Umsetzung von Art. 11, 27 der Bilanzrichtlinie für Kapitalgesellschaften anhand der Merkmale Bilanzsumme, Umsatzerlöse und Arbeitnehmerzahl differenziert.[105]

Kleine Kapitalgesellschaften sind solche, die mindestens zwei der drei folgenden Merkmale nicht überschreiten:
1) 6 Mio. Euro Bilanzsumme;
2) 12 Mio. Euro Umsatzerlöse in den 12 Monaten vor dem Abschlussstichtag;
3) im Jahresdurchschnitt 50 Arbeitnehmer.

Mittelgroße Kapitalgesellschaften sind solche, die mindestens zwei dieser drei vorstehend genannten Merkmale überschreiten und jeweils mindestens zwei der drei nachstehenden Merkmale nicht überschreiten:
1) 20 Mio. Euro Bilanzsumme;
2) 40 Mio. Euro Umsatzerlöse in den 12 Monaten vor dem Abschlussstichtag;
3) im Jahresdurchschnitt 250 Arbeitnehmer.

105 Dementsprechend versuchen wissenschaftliche Untersuchungen jüngeren Datums, die besondere Stellung von kleinen Unternehmen in Abgrenzung von Großunternehmen und Verbrauchern näher zu konkretisieren, vgl. *Stöhr*, Kleine Unternehmen, 2019, passim.

Große Kapitalgesellschaften sind solche, die mindestens zwei dieser drei vorstehend genannten Merkmale überschreiten. Eine Kapitalgesellschaft im Sinn des § 264d HGB gilt stets als große. Erforderlich ist, dass diese Kriterien an den Abschlussstichtagen von zwei aufeinanderfolgenden Geschäftsjahren über- oder unterschritten werden.

5. Ausschluss der AGB-Kontrolle (nur) bei grenzüberschreitenden Verträgen im B2B-Bereich

Schließlich wird teilweise ein Sonderweg für die Inhaltskontrolle von grenzüberschreitenden B2B-Verträgen vorgeschlagen. Danach könnte § 307 BGB für Verträge, an denen ein deutscher und ein ausländischer Unternehmer beteiligt sind, als nicht anwendbar erklärt werden. Eine Inhaltskontrolle würde damit ausscheiden. Freilich werden hiergegen nicht nur Bedenken aufgrund eines Wertungswiderspruchs geltend gemacht, sondern es steht auch eine Verletzung des Unionsrechts, insbesondere ein Verstoß gegen die Dienstleistungsfreiheit (Art. 56 ff. AEUV) und das Diskriminierungsverbot (Art. 18 AEUV) im Raum.[106]

II. Die Präzisierung der Anforderungen an das individuelle Aushandeln

Ein weiterer Ansatzpunkt zur Beschränkung der AGB-Kontrolle befasst sich mit der Präzisierung der Anforderungen an das individuelle Aushandeln der Vertragsklauseln durch die unternehmerischen Vertragsparteien.[107] In der Folge bleibt die vertragliche Abrede nur an den allgemeinen Kontrollmaßstäben der §§ 134, 138, 242, 315 BGB überprüfbar.

1. Vermutung des individuellen Aushandelns bei vertragsangemessener Verhandlung

Ein Änderungsvorschlag, der mit einer Vermutung des individuellen Aushandelns bei vertragsangemessenen Verhandlungen operiert, wobei auf

---

106 Dazu *Berger* NJW 2010, 465, 467.

107 Ausf. zur Individualvereinbarung *Miethaner*, AGB-Kontrolle versus Individualvereinbarung, 2010, passim.

den Gegenstand des Vertrags und die Umstände des Vertragsschlusses abgestellt wird, wurde von *Berger* veröffentlicht:[108]

> ***§ 305 Abs. 1 S. 4 bzw. Abs. 1a BGB-E:***
> *„Wird eine Vertragsbedingung gegenüber einem Unternehmer, einer juristischen Person des öffentlichen Rechts oder einem öffentlich-rechtlichen Sondervermögen verwendet, so gilt sie als ausgehandelt, wenn die Vertragsparteien über sie im Einzelnen oder im Zusammenhang mit anderen Bestimmungen desselben Vertrags in einer dem Gegenstand des Vertrags und den Umständen des Vertragsschlusses angemessenen Weise verhandelt haben.“*

Berger führt die Professionalität des unternehmerischen Geschäftsverkehrs und die Gewohnheit des Verhandelns von Verträgen im unternehmerischen Geschäftsverkehr an. Er stützt sich auf die Annahme, dass unter bestimmten Umständen auch ein Verhandeln genügen muss, um im B2B-Bereich von einer kontrollfreien Individualvereinbarung ausgehen und die AGB-Inhaltskontrolle ablehnen zu können.[109] Vorformulierte Vertragsbedingungen sollen dann nicht der Inhaltskontrolle unterliegen, wenn ihr Inhalt trotz der Vorformulierung durch eine Partei beiden Vertragspartnern als Ausdruck freier und eigenverantwortlicher Willensentscheidung zugerechnet werden kann.[110] Damit wird an die materielle Anforderung des BGH angeknüpft, wonach eine AGB-Kontrolle dann nicht gerechtfertigt sei, wenn der Verwendungsgegner den Inhalt der betreffenden Klausel „in seinen rechtsgeschäftlichen Gestaltungswillen aufgenommen“ habe.[111] Zudem werde die Praxis durch „Paketlösungen” oder das „Einpreisen” von in bestimmten Vertragsklauseln enthaltenen Risiken beherrscht, dem mit dieser Klausel Rechnung getragen werde.

Kritisiert wird an dieser Formulierung u.a., dass unklar sei, was im Einzelfall eine Verhandlung über eine Vertragsbedingung sei, die „dem Gegenstand des Vertrags“ als „angemessen“ zu werten ist und welche Verhandlung so zu bewerten sei, dass sie den „Umständen des Vertragsab-

108 *Berger* NJW 2010, 465; vgl. zu empirischen Erhebungen zum (Fehl-)Verständnis in der Praxis, wann eine Individualvereinbarung vorliegt und in der Folge eine judikative Inhaltskontrolle am Maßstab des AGB-Rechts ausscheidet *Leuschner* NJW 2016, 1222.

109 *Berger* NJW 2010, 465, 468.

110 *Berger* NJW 2010, 465, 468.

111 BGH NJW 1991, 1678, 1679.

schlusses in einer angemessenen Weise" Rechnung trage.[112] In Rede steht mithin der ganz erhebliche Einzelfallbezug dieser Formulierung. Auch die Lösung von der Betrachtung der konkreten Klausel durch den BGH, indem in der Sache alle „Vertragsbedingungen" als gleichrangig für ein Verhandeln angesehen würden, schwäche die Position des Verwendungsgegners.[113]

2. Widerlegbare Vermutung individuellen Aushandelns auf der Grundlage eines Kriterienkatalogs

Vorgeschlagen wird des Weiteren,[114] dass das Aushandeln „widerlegbar vermutet" werden soll, wenn die Voraussetzungen eines ausführlichen Kriterienkatalogs erfüllt sind. Ziel des Kriterienkatalogs soll sein, solche Situationen abzubilden, in denen die Erfahrung des unternehmerischen Geschäftsverkehrs dafür spricht, dass der Klauselverwender bereit ist, sein vorbereitetes Vertragsangebot in Frage stellen zu lassen und gegebenenfalls zu ändern.[115] Werde diese Erwartung erfüllt, könne für den unternehmerischen Geschäftsverkehr davon ausgegangen werden, dass der ganze Vertrag ausgehandelt wurde.[116]

Diese Lösung führe zum einen zu mehr Rechtssicherheit. Zum anderen werde durch die Vermutungswirkung gewährleistet, dass das Gesetz flexibel auf unterschiedliche Konstellationen anwendbar sei.[117]

Nach den Verfassern dieses Vorschlages ließe sich der Katalog als Abs. 1a in § 305 BGB einfügen:

§ 305 Abs. 1a BGB-E

„(1a) Bei Verträgen zwischen Unternehmen wird widerlegbar vermutet, dass eine Vertragsbedingung zwischen den Parteien ausgehandelt worden ist, wenn

1. *die Verhandlungen der Parteien über den Vertrag länger als zwei Monate angedauert haben,*

112 *Graf v. Westphalen* ZIP 2018, 1101, 1104.
113 *Graf v. Westphalen* ZIP 2018, 1101, 1105.
114 *Müller/Griebeler/Pfeil* BB 2009, 2658, 2662.
115 *Müller/Griebeler/Pfeil* BB 2009, 2658, 2661.
116 *Müller/Griebeler/Pfeil* BB 2009, 2658, 2661.
117 *Huth*, Kontrolle Allgemeiner Geschäftsbedingungen im unternehmerischen Geschäftsverkehr unter Berücksichtigung geltender Gewohnheiten und Gebräuche, 2017, S. 270.

> 2. *die andere Vertragspartei einen Vertragsentwurf, in dem die Vertragsbedingung enthalten war, wenigstens einmal schriftlich kommentiert hat,*
> 3. *das Geschäft einen Wert von wenigstens 1 Million Euro hat,*
> 4. *die andere Vertragspartei beim Abschluss des Vertrages anwaltlich beraten war,*
> 5. *die andere Vertragspartei mindestens eine Änderung an dem vorgeschlagenen Text der Vertragsbedingung durchgesetzt hat oder*
> 6. *die Vertragsbedingung im Wesentlichen einer Vertragsbedingung entspricht, die der Verwender und die andere Vertragspartei zu einem früheren Zeitpunkt ausgehandelt haben."*

3. Individualabrede beim Verhandeln über den Vertrag im Einzelnen

Der *Deutsche Anwaltverein (DAV)*[118] hat im Jahr 2012 vorgeschlagen, § 310 BGB dahingehend zu ändern, dass ein Aushandeln im unternehmerischen Geschäftsverkehr ausreichen soll, um zu einer vorrangigen Individualabrede zu gelangen.[119]

> ***§ 310 BGB-E***
>
> *(1) §§ 305–309 finden auf Vertragsbedingungen, die gegenüber einem Unternehmer, einer juristischen Person des öffentlichen Rechts oder einem öffentlich-rechtlichen Sondervermögen verwendet werden, nur mit folgender Maßgabe Anwendung:*
>
> 1. *„Allgemeine Geschäftsbedingungen liegen nicht vor,*
>   (a) *wenn über den Vertrag zwischen den Parteien im Einzelnen verhandelt worden ist oder*
>   (b) *wenn über Vertragsbedingungen zwischen den Parteien zuvor im Einzelnen verhandelt worden ist, auch wenn gleichlautende Vertragsbedingungen ohne erneute Verhandlungen unverändert in einen neuen Vertrag zwischen denselben Parteien übernommen werden."*

---

118 Stellungnahme Nr. 23/2012, Verbesserung der Wettbewerbsfähigkeit deutschen Rechts durch Änderung des AGB-Rechts für den unternehmerischen Verkehr v. 20. 3. 2012.

119 Ähnlich der Vorschlag von *S. Kaufhold* BB 2012, 1235, 1241, wonach ein Aushandeln zu bejahen sei, „soweit die Vertragsbedingungen zwischen den Vertragsparteien individuell verhandelt und auf Grund einer bewussten Erklärung beider Vertragsparteien vereinbart wurden".

...

4. *Die andere Vertragspartei kann sich auf eine Unwirksamkeit gemäß § 307 Abs. 1 und 2 nicht berufen, wenn sie entgegen den Geboten von Treu und Glauben*
   (a) *Verhandlungen im Sinne der Nr. 1 (a) nicht verlangt oder*
   (b) *ein Angebot des Verwenders zu Verhandlungen im Sinne der Nr. 1 (a) nicht angenommen hat; dies gilt nicht für den Fall des § 307 Abs. 1 S. 2.*

Dieser Regelungsvorschlag beschränkt sich auf eine textliche Änderung von § 310 BGB. § 305 BGB kann danach unverändert bleiben, allerdings werden bei der Überarbeitung des § 310 BGB die Voraussetzungen für das Vorliegen von AGB im unternehmerischen Geschäftsverkehr inzident neu definiert. Zudem will der Vorschlag durch die Verwendung des Wortes „verhandeln" an Stelle von „aushandeln" bewusst zur Geltung bringen, dass eine Inhaltskontrolle nach dem AGB-Recht dann nicht erforderlich sei, wenn einzelne Regelungen von vornherein oder nach erfolgloser Beanstandung unverändert akzeptiert werden.[120] Auch trage der Entwurf dem Umstand Rechnung, dass Vertragsbedingungen auch dann bewusst und selbstbestimmt akzeptiert werden, wenn der Verwendungsgegner diese „zähneknirschend" akzeptiert. Gleiches gelte für in der Praxis häufig anzutreffende Paketlösungen, wenn einzelne Bedingungen geändert, andere jedoch unverändert akzeptiert wurden. In diesen Fällen könne nicht von einer einseitigen Inanspruchnahme des Verwenders gesprochen werden, sondern auch diese Regelungen seien das Ergebnis von Verhandlungen.[121]

Die Kritik an diesem Vorschlag betont, dass in diesem Fall bereits das kontroverse Reden über den Vertrag ohne Änderungsbereitschaft des Verwenders ausreicht, da es in der Regel als ein im Einzelnen hinreichendes Verhandeln zu qualifizieren sei.[122] Darüber hinaus wird die Befürchtung formuliert, dass die Rechtsprechung allein die Auswechslung des Begriffes nicht ausreichen lässt, um von dem restriktiven Maßstab Abstand zu nehmen.[123]

---

120 Stellungnahme Nr. 23/2012 (Fn. 118), S. 15.

121 Stellungnahme Nr. 23/2012 (Fn. 118), S. 15.

122 *Graf v. Westphalen* ZIP 2018, 1101, 1105.

123 *Huth*, Kontrolle Allgemeiner Geschäftsbedingungen im unternehmerischen Geschäftsverkehr unter Berücksichtigung geltender Gewohnheiten und Gebräuche, 2017.

4. Individualabrede bei angemessener Verhandlung über die Vertragsbedingung im Einzelnen

Ein Vorschlag[124] jüngeren Datums kombiniert letztlich die Elemente der Vorschläge von *Berger* und der *Frankfurter Initiative*. Danach soll das Aushandeln in § 305 BGB mit einem neuen Abs. 1a erweitert werden:

> ***§ 305 Abs. 1a BGB-E***
>
> *„Wird eine Vertragsbedingung gegenüber einem Unternehmer, einer juristischen Person des öffentlichen Rechts oder einem öffentlich-rechtlichen Sondervermögen verwendet, so gilt sie als ausgehandelt, wenn die Vertragsparteien über sie im Einzelnen oder im Zusammenhang mit anderen Bestimmungen desselben Vertrags in einer dem Gegenstand des Vertrags und den Umständen des Vertragsschlusses angemessenen Weise verhandelt haben; einer Abänderung des vorformulierten Vertragstexts bedarf es nicht.*
>
> *Satz 1 gilt nicht, wenn Allgemeine Geschäftsbedingungen gegenüber einem Kleinstunternehmen*[125] *verwendet werden. Der Vertragspartner kann sich auf seine Eigenschaft als Kleinstunternehmen nicht berufen, wenn dies der Verwender nicht erkennen konnte; es obliegt dem Verwender, das Kleinstunternehmen zur Erklärung über seine Eigenschaft als Kleinstunternehmen aufzufordern."*

III. Die Modifikation des Maßstabs der Inhaltskontrolle im B2B-Bereich

§ 310 Abs. 1 S. 2 HS 2 BGB verweist im Rahmen der AGB-Inhaltskontrolle für den unternehmerischen Geschäftsverkehr „auf die im Handelsverkehr geltenden Gewohnheiten und Gebräuche". Dabei wird als unklar angesehen, ob bei der AGB-Prüfung im unternehmerischen Bereich nur Handelsbräuche i.S.d. § 346 HGB Berücksichtigung finden sollen.[126] Auch hatte der Gesetzgeber des AGBG von 1976 anerkannt, dass im B2B-Geschäft die mit der Verwendung von AGB vorgenommene Risikoverlagerung „im Zusammenhang mit einer Vielzahl von Geschäften zwischen den Vertragspartnern zu sehen (sei) ... und durch Vorteile anderer Art ausgeglichen (werde) ..., die dem privaten Letztverbraucher bei einem einmaligen Ver-

124 *Müller* IWRZ 2018, 153, 159.
125 Entsprechend § 267a HGB.
126 *Müller/Griebeler/Pfeil* BB 2009, 2658.

tragsschluss über eine einmalige Leistung nicht zuteil (werden)".[127] Dies spiegelt sich nach der überwiegenden Ansicht im Schrifttum in der Rechtsprechung indes nicht hinreichend wieder.

1. Beachtung der Gewohnheiten und Gebräuche des unternehmerischen Geschäftsverkehrs

Ein Vorschlag von *Berger* geht über die bestehende Berücksichtigung der im Handelsverkehr geltenden Gewohnheiten und Gebräuche hinaus und fordert zur Berücksichtigung auch der *Gegebenheiten des unternehmerischen Geschäftsverkehrs* auf:[128]

> ***§ 310 Abs. 1 S. 2 HS. 2 BGB-E***
> *„Im Handelsverkehr geltende Gewohnheiten und Gebräuche sowie Gegebenheiten des unternehmerischen Geschäftsverkehrs, insbesondere die im Vergleich zu Verbrauchern geringere Schutzbedürftigkeit bestimmter Unternehmen, sind zu beachten."*

Damit wird nach Ansicht von *Berger* – ohne grundlegenden Eingriff in den Aufbau von § 310 Abs. 1 BGB – die Bedeutung dieser Bestimmung für die Inhaltskontrolle im B2B-Verkehr gestärkt.[129] Dies soll zum einen durch die ausdrückliche Bezugnahme auf den Verbraucher erreicht werden. Zum anderen soll die primäre Bedeutung der realen Gegebenheiten des unternehmerischen Geschäftsverkehrs unter gleichzeitiger Berücksichtigung der Schutzbedürftigkeit der betroffenen Unternehmen für die vorzunehmende Abwägung bei der AGB-Inhaltskontrolle hervorgehoben werden.[130]Als Alternative schlägt er eine Formulierung vor, die auf die „Anforderungen vernünftiger kaufmännischer Praxis" abstellt.[131]

Von besonderem Interesse für eine Diskussion über die vorzugswürdige Regelung *de lege ferenda* sind zudem die im Zusammenhang mit dieser Klausel genannten Konstellationen, die von den Gegebenheiten erfasst

---

127 Begr RegE BT-Drs. 7/3919, S. 23, 43.

128 *Berger* NJW 2010, 465, 469.

129 *Berger* NJW 2010, 465, 469.

130 *Berger* NJW 2010, 465, 469; *Müller* IWRZ 2018, 153, 158.

131 *Berger* NJW 2010, 465, 469; ähnlich *Kieninger* AnwBl 2013, 301, 307, mit einem Abstellen auf die „vernünftige unternehmerische Praxis", auf die „angemessen Rücksicht" zu nehmen ist.

werden sollen.[132] Diese könnten von der vorstehenden Formulierung umschlossen werden. Sofern man eine gesetzliche Konkretisierung des Maßstabs der Inhaltskontrolle im B2B-Bereich durch Regelbeispiele („insbesondere“) in Betracht zieht, könnten diese Kriterien herangezogen werden. Genannt werden die

- *Branchenüblichkeit der betreffenden Klausel,*
- *branchentypische besondere Umstände, die eine den Vertragspartner benachteiligende Vertragsschlusssituation vermeiden,*
- *Ausgleich des durch eine bestimmte Klausel begründeten Nachteils/Risikos durch spezifische wirtschaftliche Vorteile (günstige Preisgestaltung; prompte Dauerbelieferung etc.).*

Auch spezifische, den *Verwendungsgegner betreffende Kriterien* könnten auf diese Weise als gesetzliche Regelbeispiele oder in den Gesetzesmaterialien berücksichtigt werden.

- *Zumutbarkeit/Üblichkeit der Versicherung des betreffenden Risikos durch den Verwendungsgegner („cheapest insurer"),*
- *abstrakte Beherrschbarkeit bzw. Fähigkeit zur Vermeidung des Risikos durch den Verwendungsgegner („cheapest cost avoider"),*
- *generelle Möglichkeit zur Weitergabe von Kosten und Lasten durch den Verwendungsgegner,*
- *(Unternehmens-)Größe des Verwendungsgegners.*

Die Kritik hält diesem Vorschlag zumindest in seiner Grundform ohne konkretisierende Regelbeispiele entgegen, dass der Bezug auf die faktischen Gegebenheiten des unternehmerischen Verkehrs mit einer nicht unerheblichen Rechtsunsicherheit behaftet sei.[133]

---

132 *Berger* NJW 2010, 465, 470.
133 *Graf v. Westphalen* ZIP 2018, 1101, 1108.

2. Angemessene Rücksichtnahme auf die Bedürfnisse des unternehmerischen Verkehrs

Ein abweichender Vorschlag aus der Praxis[134] fordert, dass § 310 Abs. 1 S. 2 HS 2 BGB ergänzt wird:

„...auf die Bedürfnisse des unternehmerischen Verkehrs ist angemessen Rücksicht zu nehmen"

Diese Änderung soll den Vorteil bieten, dass man die resultierende Norm an die Anforderungen des modernen Handelsverkehrs anpassen könne bei gleichzeitiger Durchsetzung des ursprünglichen Normzwecks.[135] Zudem ermögliche eine an die „Bedürfnisse" anknüpfende Formulierung, die Besonderheiten des B2B-Bereichs differenzierter zu würdigen, als es die gegenwärtige Regelung aufgrund der Begriffe Gewohnheiten und Gebräuche erlaube.[136] Hinzu tritt, dass der neue Begriff der „Bedürfnisse" ohne konkrete Vorbesetzung der Rechtsprechung ermöglichen könnte, auf die Eigenheiten des unternehmerischen Geschäftsverkehrs angemessen einzugehen. Daher wird auch positiv gewertet, dass dieser Begriff, der die Reformdiskussion von Beginn an trage, in den Gesetzestext Eingang finden soll.[137] Schließlich kann mit diesem Begriff an die Begründung zum AGB-Gesetz von 1975 angeknüpft werden, findet sich dort doch ein Hinweis darauf, dass die „Bedürfnisse" der Gewerbetreibenden im Geschäftsverkehr notwendige Berücksichtigung finden müssen. Dort wird mit Hinweis auf die Unanwendbarkeit der (heutigen) §§ 308, 309 BGB im kaufmännischen Geschäftsverkehr darauf verwiesen, dass die „Bedürfnisse" der Gewerbetreibenden „zu differenziert" sein.[138] Kritisiert wird, dass nicht schon jedes „Bedürfnis" im unternehmerischen Geschäftsverkehr ausreichen könne, um den Schutz des Vertragspartners durch das AGB-Recht aufzugeben oder zu schwächen.[139]

---

134 *Müller/Griebeler/Pfeil* BB 2009, 2658.

135 *Müller/Griebeler/Pfeil* BB 2009, 2658, 2659.

136 *Müller/Griebeler/Pfeil* BB 2009, 2658, 2659.

137 So *Axer*, Rechtfertigung und Reichweite der AGB-Kontrolle im unternehmerischen Geschäftsverkehr, 2012, S. 279.

138 Vgl. Begr RegE BT-Drs. 7/3919, S. 23.

139 *Huth*, Kontrolle Allgemeiner Geschäftsbedingungen im unternehmerischen Geschäftsverkehr unter Berücksichtigung geltender Gewohnheiten und Gebräuche, 2017, S. 287 f.

3. Unangemessenheit bei erheblicher Abweichung von vernünftiger unternehmerischer Praxis

In der seiner Stellungnahme Nr. 23/2012[140] schlägt der Zivilrechtsausschuss des DAV eine Novellierung des Maßstabs der richterlichen Inhaltskontrolle von AGB-Klauseln im unternehmerischen Verkehr in folgender Weise vor:

> *§ 310 BGB:*
>
> ...
>
> *„3. Eine unangemessene Benachteiligung im Sinne des § 307 Abs. 1 und 2 liegt nicht vor, wenn die Bedingung unter Berücksichtigung des Gesamtinhalts des Vertrages und der den Vertragsschluss begleitenden Umstände sowie der Gegebenheiten des betroffenen Wirtschaftszweigs von vernünftiger unternehmerischer Praxis nicht erheblich abweicht."*

Nach dem DAV ermöglicht das Abstellen auf „die Gegebenheiten des betroffenen Wirtschaftszweiges" im Rahmen der judikativen Inhaltskontrolle nach § 307 Abs. 1 BGB, die unterschiedlichen Usancen, Gegebenheiten und Sachzwänge der verschiedenen Branchen angemessen zu berücksichtigen. Auch wenn sich der Entwurf bewusst ist, dass die Konkretisierung der „vernünftigen unternehmerischen Praxis" nicht unproblematisch ist,[141] so reiht sich dieser Entwurf doch in entsprechende Formulierungen ein, die versuchen, die sich in der unternehmerischen Praxis wiederholenden Vertragsgestaltungen, Handelsübungen und Usancen maßstabsprägend zu erfassen.[142] Diesen Vorschlägen ist gemein, dass Vertragsbedingungen, die vernünftigen unternehmerischen Gepflogenheiten entsprechen, auch dann wirksam sein sollen, wenn sie unter die Klauselverbote fallen oder vom dispositiven Recht abweichen. Der Vorschlag kann insofern zudem insofern auf eine Parallele im europäischen Recht verweisen, als in Art. 7 Abs. 1 lit. a der Zahlungsverzugsrichtlinie 2011/7/EU[143] auf die „gute Handelspraxis" abgestellt wird. Mit diesem Maßstab wird dort beurteilt, ob

140 Vgl. Fn. 118.

141 Auf diese stellt allerdings auch *Kieninger* AnwBl 2013, 301, 307 ab.

142 Vgl. auch *Kondring* BB 2013, 73, 75, der auf eine „gute unternehmerische Praxis" abstellt.

143 Richtlinie 2011/7/EU des Europäischen Parlaments und des Rates vom 16.2.2011 zur Bekämpfung von Zahlungsverzug im Geschäftsverkehr, ABl. EU Nr. L 48, S. 1.

eine konkrete Zahlungsverzugsklausel für den Gläubiger „grob nachteilig" und daher als nicht durchsetzbar zu verwerfen ist.

Die Kritik an diesem Vorschlag bezweifelt zum einen, dass dem Terminus „Gegebenheiten" eine eigenständige Bedeutung in der Rechtsanwendung zukommen wird.[144] Darüber hinaus wird infrage gestellt, ob die Berücksichtigung der den Vertragsschluss begleitenden Umstände und der Gegebenheiten des betroffenen Wirtschaftszweigs tatsächlich eine Beurteilung der Angemessenheit ermöglicht; dies zeige sich insbesondere an den umstrittenen Haftungsfreizeichnungsklauseln, bei denen sich keine allgemein übliche Art durchgesetzt habe.[145]

4. Unangemessenheit nur bei grober Abweichung von guter unternehmerischer Praxis entgegen Treu und Glauben

Die *Frankfurter Initiative zur Fortentwicklung des AGB-Rechts im unternehmerischen Verkehr* hat als Maßstab der Inhaltskontrolle für § 310 Abs. 1 S. 2 BGB zudem vorgeschlagen, die Unangemessenheit im Rahmen der Inhaltskontrolle im B2B-Bereich abweichend zu bestimmen und auf grobe Abweichungen von guter unternehmerischer Praxis entgegen Treu und Glauben zu beschränken.[146]

> ***§ 310 Abs 1 S. 2 BGB-E***
>
> *„§ 307 Abs. 1 Satz 1 und Abs. 2 findet in den Fällen des Satzes 1 mit der Maßgabe Anwendung, dass lediglich solche Vertragsbestimmungen unangemessen sind, die entgegen den Geboten von Treu und Glauben von guter unternehmerischer Praxis grob abweichen."*

144 Vgl. *Huth*, Kontrolle Allgemeiner Geschäftsbedingungen im unternehmerischen Geschäftsverkehr unter Berücksichtigung geltender Gewohnheiten und Gebräuche, 2017, S. 300.

145 Vgl. *Graf von Westphalen* AnwBl 2013, 850, 851; *Huth*, Kontrolle Allgemeiner Geschäftsbedingungen im unternehmerischen Geschäftsverkehr unter Berücksichtigung geltender Gewohnheiten und Gebräuche, 2017, S. 301.

146 https://www.zvei.org/fileadmin/user_upload/Themen/Maerkte_Recht/Allgemeine_Geschaeftsbedingungen_im_unternehmerischen_Geschaeftsverkehr/pdf/AGB-Initiative-Positionspapier-Stand-04-2015.pdf; s.a *Kondring* BB 2013, 73, 75; *Müller* BB 2013, 1355, 1357; s.a. *Hopt*, Handelsblatt 19.2.2013, Nr. 35, 11 („gute Handelspraxis").

Mit diesem Vorschlag werden maßgeblichen Elemente[147] aus Art. 86 I b des *Vorschlages für ein gemeinsames europäisches Kaufrecht* aus dem Jahr 2011 übernommen.[148] Hiernach soll mit der Bezugnahme auf die Gebote von Treu und Glauben und die gute unternehmerische Praxis ein materieller Gerechtigkeitswert geschaffen werden.

Entsprechendes liegt auch einem Vorschlag jüngeren Datums[149] zu Grunde, der auch Elemente aus dem Vorschlag der *Frankfurter Initiative* aufgreift und § 310 Abs. 1 S. 2 BGB wie folgt fasst:

§ 310 Abs. 1 S. 2 BGB-E

„§ 307 Abs. 1 Satz 1 und Abs. 2 findet in den Fällen des Satzes 1 mit der Maßgabe Anwendung, dass lediglich solche Vertragsbestimmungen unangemessen sind, die entgegen den Geboten von Treu und Glauben von guter unternehmerischer Praxis grob abweichen; dabei gilt § 305 Abs. 1 a Satz 2 und 3 entsprechend."

5. Unangemessenheit nur bei erheblicher Abweichung von objektiv vernünftiger unternehmerischer Praxis

Ein weiterer Vorschlag[150] versucht mit geringfügigen gesetzgeberischen Änderungen die Ergebnisse der Rechtsprechung zu korrigieren. Hierzu sei klarzustellen, dass Unternehmer eines geringeren Schutzes bedürfen als Verbraucher mit der Folge, dass die Klauselverbote der §§ 308, 309 BGB nur ausnahmsweise zur Unwirksamkeit einer Vertragsbedingung führen können. Daher solle § 310 Abs. 1 S. 2 BGB durch folgende Regelung ersetzt werden:

§ 310 Abs. 1 S. 2 BGB-E

„Die in den §§ 308 und 309 genannten Vertragsbestimmungen können aber in den Fällen des Satzes 1 ausnahmsweise im Rahmen von § 307 Abs. 1 und 2 unwirksam sein."

---

147 „Treu und Glauben"; „grobe Abweichung von guter unternehmerischer Praxis".

148 *DCFR – Draft Common Frame of Reference*, Art. II. -9; 405; s.a. die europäische Zahlungsverzugsrichtlinie 2011/7/EU, Art. 7 I lit. a (vgl. dazu schon in und bei Fn. 143).

149 *Müller* IWRZ 2018, 153, 159.

150 *Hannemann* AnwBl 2012, 314, 317.

Darüber hinaus soll die inhaltliche Kontrolle von AGB auf solche Fälle beschränkt werden, in denen Abweichungen vom dispositiven Recht zu einer unangemessenen Benachteiligung des Vertragspartners führen. Als adäquater Maßstab sollen hierzu die üblichen Gepflogenheiten der betroffenen Branche herangezogen werden. Abweichungen von diesen sollen dann unzulässig sein, wenn sie erheblich von der vernünftigen unternehmerischen Praxis abweichen. Zudem wird der Bezugspunkt der Angemessenheitskontrolle modifiziert. Statt wie bisher auf die einzelnen Klauseln abzustellen, soll bei der Frage nach einer unangemessenen Benachteiligung nun der Gesamtinhalt des Vertrages in den Blick genommen werden. Ein solches Abstellen auf den Gesamtinhalt des Vertrages ist der Systematik des AGB-Rechts insoweit nicht fremd, als gem. § 310 Abs. 1 S. 3 BGB die Bestimmungen des § 307 Abs. 1, Abs. 2 BGB sowie des § 308 Nrn. 1a und 1b BGB nicht für die in den Vertrag als Ganzes einbezogenen Bestimmungen der VOB(B) gelten, da die VOB(B) ein Klauselwerk darstellt, das insgesamt einen angemessenen Ausgleich zwischen beiden Vertragsteilen herstellt und in seiner Gesamtheit keine Vertragspartei einseitig begünstigt, weswegen eine isolierte Kontrolle einzelner Klauseln unterbleiben muss.[151] Hierzu soll § 310 Abs. 1 S. 3 BGB folgendermaßen formuliert werden:

§ 310 Abs. 1 S. 3 BGB-E

„Eine unangemessene Benachteiligung im Sinne des § 307 Abs. 1 und 2 liegt nicht vor, wenn die Bestimmung unter Heranziehung des Gesamtinhalts des Vertrages, insbesondere dort geregelter anderer Kompensationen zugunsten des Vertragspartners des Verwenders, sowie der jeweils üblichen Gepflogenheiten der betroffenen Branche, zu deren Kerngeschäft der Vertrag gehört, von objektiv vernünftiger unternehmerischer Praxis allenfalls unerheblich abweichen. Dabei ist die grundsätzlich geringere Schutzbedürftigkeit von Unternehmern gegenüber Verbrauchern zu beachten."

Während sich dieser Vorschlag durch die besondere Flexibilität auszeichnet, die mit der Vielzahl der Kriterien für den Maßstab der Inhaltskontrolle und die Unangemessenheit der Klausel im unternehmerischen Verkehr verbunden ist, wird gerade diese besondere Flexibilität und die mangelnde Präzision der vorgeschlagenen Tatbestandsmerkmale kritisiert. Eine effek-

151 Vgl. BGHZ 86, 135, 141 f.; MünchKomm/*Basedow*, 8. Aufl. 2019, § 310 Rn. 21.

tive Inhaltskontrolle sei mit diesen nicht möglich; eine nicht unerhebliche Rechtsunsicherheit sei die Folge.[152]

152 *Huth*, Kontrolle Allgemeiner Geschäftsbedingungen im unternehmerischen Geschäftsverkehr unter Berücksichtigung geltender Gewohnheiten und Gebräuche, 2017, S. 291 f.

IV. Hinweise zum Schrifttum (Auswahl)

Armbrüster, Christian: AGB-Kontrolle im unternehmerischen Geschäftsverkehr, NZA 2019, Beilage 1, 44

Axer, Constantin: Rechtfertigung und Reichweite der AGB-Kontrolle im unternehmerischen Geschäftsverkehr, 2012

Berger, Klaus: Für eine Reform des AGB-Rechts im Unternehmerverkehr, NJW 2010, 465

Dauner-Lieb, Barbara: Vertragsfreiheit zwischen Unternehmen: AGB-Recht ihr Garant oder ihr Totengräber, Anwaltsblatt 2013, 845

Dauner-Lieb, Barbara/Axer, Constantin: Quo vadis AGB-Kontrolle im unternehmerischen Geschäftsverkehr?, ZIP 2010, 309

Deutscher Anwaltverein: Verbesserung der Wettbewerbsfähigkeit deutschen Rechts durch Änderung des AGB-Rechts für den unternehmerischen Rechtsverkehr, 2012, abrufbar unter: https://anwaltverein.de/de/newsroom/id-2012-23?file=files/anwaltverein.de/downloads/newsroom/stellungnahmen/2012/DAV-SN-23-2012.pdf

Deutsches Aktieninstitut (DAI): Vorschlag zur Fortentwicklung des AGB-Rechts, 2019, abrufbar unter: https://www.dai.de/files/dai_usercontent/dokumente/positionspapiere/190405 %20AGB-Weiterentwicklung%20Aktieninstitut.pdf

Frankfurter Initiative: Gesetzgebungsvorschlag zur Änderung des AGB-Rechts im unternehmerischen Geschäftsverkehr, 2018, abrufbar unter: https://recht.vdma.org/documents/14969694/26921572/AGBInitiative_Positionspapier_06_2018.pdf/97b30b6a-4778-1f38-d90b-3870dd9ae297?t=698342.44

Frankenberger, Anke: AGB im B2B-Geschäft: Wenn die Wirklichkeit das Recht überholt, Anwaltsblatt 2012, 318

Graf von Westphalen, Friedrich: Reformvorhaben der Koalition zum AGB-Recht bei innovativen Geschäftsmodellen auf dem Prüfstand, ZIP 2018, 1101

Hannemann, Thomas: AGB: Der Maßstab der Inhaltskontrolle und der Wille des Gesetzgebers, Anwaltsblatt 2012, 314

Herber, Rolf: Wie lange will sich Deutschland noch ein wirtschaftsfremdes AGB-Recht leisten?, TransportR 2016, 1

Herrmann, Ulrich/Lasch, Thomas: AGB-Recht für Unternehmen auf dem Prüfstand, DRiZ 2018, 218

Hobeck, Paul: Zum „Aushandeln" einer Vertragsbestimmung in Verträgen zwischen Unternehmen, SchiedsVZ 2005, 112

Huth, Elise: Kontrolle Allgemeiner Geschäftsbedingungen im unternehmerischen Geschäftsverkehr unter Berücksichtigung geltender Gewohnheiten und Gebräuche, 2017

Kessel, Christian: AGB oder Individualvereinbarung-Relevanz und Reformbedarf, Anwaltsblatt 2012, 293

Kieninger, Eva-Maria: AGB bei B2B-Verträgen: Rückbesinnung auf die Ziele des AGB-Rechts, Anwaltsblatt 2012, 301

Kondring, Jörg: B2B und AGB: Freiheit statt Vollkontrolle, Anwaltsblatt 2014, 813

Kondring, Jörg: Die „gute unternehmerische Praxis" in einem möglichen künftigen AGB-Recht für den unternehmerischen Verkehr, BB 2013, 73

Leuschner, Lars: Reformvorschläge für die AGB-Kontrolle im unternehmerischen Rechtsverkehr, ZIP 2015, 1045

Leuschner, Lars: Noch einmal: Reformvorschläge für die AGB-Kontrolle im unternehmerischen Rechtsverkehr, ZIP 2015, 1326

Mann, Marius: Die Einbeziehung von AGB in Verträgen zwischen Unternehmern, BB 2017, 2178

Maier-Reimer, Georg/Niemeyer, Christoph: Unternehmenskaufvertrag und AGB-Recht, NJW 2015, 1713

Maier-Reimer, Georg: AGB-Recht im unternehmerischen Rechtsverkehr – Der BGH überdreht die Schraube, NJW 2017, 1

Miethaner, Tobias: AGB-Kontrolle versus Individualvereinbarung, 2010.

Müller, Werner: AGB-Kontrolle auf dem Prüfstand, IWRZ 2018, 153

Müller, Werner: Die AGB-Kontrolle im unternehmerischen Geschäftsverkehr – Standortnachteil für das deutsche Recht, BB 2013, 1355

Müller, Werner/Griebeler, Carsten/Pfeil, Julia: Für eine maßvolle AGB-Kontrolle im unternehmerischen Geschäftsverkehr, BB 2009, 2658

Pfeiffer, Thomas: Entwicklungen und aktuelle Fragestellungen des AGB-Rechts, NJW 2017, 913

Richter, Bettina Charlotte: Allgemeine Geschäftsbedingungen im B2B-Verkehr in Deutschland, der Schweiz und England – unter besonderer Berücksichtigung von Haftungsklauseln in Kaufverträgen und der ökonomischen Analyse des Rechts, 2013

Rinaldo, Carlotta: Beyond Consumer Law – Small Enterprises, Independant Contractors and other Professional Weak Parties, ERCL 2019, 227

Schauer, Manuel: AGB im unternehmerischen Rechtsverkehr: Plädoyer für eine Gesetzesänderung, Anwaltsblatt 2012, 690

Sommerfeld, Antoni: Rechtsflucht ins Ausland wegen des Deutschen AGB-Rechts im B2B-Verkehr?, RIW 2018, 741

Stöhr, Alexander: Kleine Unternehmen, 2019

Wagner, Gerhard: Rechtsstandort Deutschland im Wettbewerb, 2017

Wendland, Matthias: Vertragsfreiheit und Vertragsgerechtigkeit, Subjektive und objektive Gestaltungskräfte im Privatrecht am Beispiel der Inhaltskontrolle Allgemeiner Geschäftsbedingungen im unternehmerischen Geschäftsverkehr, 2019

Westphalen, Friedrich Graf von: AGB-rechtliche Schutzschranken im unternehmerischen Verkehr: Rückblick und Ausblick, BB 2011, 195

Westphalen, Friedrich Graf von: Die Begründungslast der Reformer des AGB-Rechts, BB 2012, 1

Westphalen, Friedrich Graf von: AGB-Kontrolle – kein Standortnachteil, BB 2013, 1357

Westphalen, Friedrich Graf von: Schwellenwert und Neuregelung einer vertraglichen Haftungsbegrenzung – ist das der „Königsweg“ einer Reform des AGB-Rechts?, ZIP 2015, 1316

§ 3 Der Diskussionsbericht zum Workshop „Reform der AGB-Kontrolle im B2B-Bereich“ am 14.5.2019 an der Universität Regensburg

I. Abteilung 1: Die Beschränkung der AGB-Kontrolle im unternehmerischen Verkehr

1. Kurzvortrag Marschollek: Beschränkung der AGB-Kontrolle im unternehmerischen Geschäftsverkehr

Der Referent betont zunächst, dass derzeit um den Reformbedarf des AGB-Rechts eine Art „Glaubenskrieg“ tobe; er selbst zielt mit seinem Vortrag darauf, einzelne Aspekte aus der Perspektive eines Praktikers zu beleuchten. Dabei hält er vorab fest, dass eine etwaige Reform der AGB-Kontrolle im unternehmerischen Geschäftsverkehr nicht den Verbraucherschutz durch die AGB-Kontrolle tangieren solle. Sodann identifiziert er den Änderungsbedarf bei der AGB-Kontrolle. Reformbedarf bestehe vor allem im Bereich der Industrie. Er folge nicht zuletzt aus den technologischen Umbrüchen der jüngeren Vergangenheit. Diese hätten dazu geführt, dass die Industriebranchen – anders als früher – nicht mehr so deutlich wie bislang trennbar seien. Auch müssten sich angesichts der technologischen Entwicklung Unternehmen jeder Größenordnung neu erfinden; gleichzeitig finde ein gravierender Wandel in der Industrie hin zur digitalen Serviceorientierung statt.

In diesem Zusammenhang werden die besonderen Stärken und Schwächen sowie die Chancen und Risiken der deutschen Wirtschaft angesichts dieser technologischen Entwicklung überblicksartig aufgezeigt: Dabei wird als Stärke der deutschen Wirtschaft der deutsche Mittelstand identifiziert. Als eine Schwäche wird das AGB-Recht in Bezug auf die AGB-Kontrolle im unternehmerischen Geschäftsverkehr genannt. Bekanntlich seien fast alle Klauseln als AGB einzuordnen, und zwar bereits dann, wenn sie nur im Kopf des Verwenders vorformuliert seien. Individualverträge, die der AGB-Kontrolle nicht unterfallen, kämen in der Rechtspraxis der unternehmerischen Tätigkeit, wenn überhaupt, allenfalls noch am Rande vor. Allerdings würden der internationale Handel und die Digitalisierung keine Landesgrenzen kennen. Das deutsche AGB-Recht führe aber dazu, dass neue und innovative Geschäftsmodelle nicht mehr rechtssicher nach deutschem Recht in AGB erfasst werden könnten. Es bestehe bei einer Reform des AGB-Rechts in Bezug auf den unternehmerischen Rechtsverkehr die Chance, ein gutes deutsches AGB-Recht zu schaffen, das auch exporttauglich ist und sachgerechtes Wirtschaften innerhalb Deutschlands ermöglicht. Insoweit sei insbesondere festzuhalten, dass die fehlende Möglichkeit einer angemessenen Haftungsbeschränkung zu einem ganz erheblichen Nachteil für die deutsche Wirtschaft im internationalen Wettbewerb führe. Als Korrektiv für Fälle, in denen aufgrund der Marktstellung und wegen eines missbräuchlichen Verhaltens gegen bestimmte Klauseln einzuschreiten wäre, ist insbesondere das Kartellrecht heranzuziehen; mithin führe eine sachgerechte AGB-Reform für den unternehmerischen Geschäftsverkehr nicht zu einem rechtsfreien Zustand.

Sodann stellt der Referent einzelne Vorschläge zur Modifikation des Anwendungsbereiches der AGB-Kontrolle vor, die bereits in der allgemeinen Diskussion der vergangenen Jahre unterbreitet wurden:

1. *Ausschluss der Anwendbarkeit der AGB-Kontrolle für Geschäfte, die einen bestimmten Wert überschreiten.*
   Vorteil einer Wertgrenze sei zwar, dass eine solche einen an sich eindeutigen Bezugspunkt darstelle. Gegen eine Wertgrenze spreche jedoch, dass eine solche Grenze stets mehr oder minder willkürlich festgelegt werden müsse. Außerdem sei unklar, nach welchen Kriterien der konkrete Wert des Rechtsgeschäfts zu bemessen sei. Darüber hinaus biete dieser Ansatz keine Lösung für innovative Geschäftsmodelle im digitalen Bereich, da die Geschäfte dort tendenziell einen niedrigeren Wert aufweisen und eine hohe Wertgrenze daher nicht erreichen würden.
2. *Ausnahme bestimmter Sektoren vom Anwendungsbereich der AGB-Kontrolle.*
   Die Ausnahme von bestimmten Sektoren aus dem Anwendungsbereich der strengen AGB-Kontrolle könne eine Lösung für Teilbranchen sein, insbesondere sei insofern an den Bank- und Finanzbereich zu denken. Allerdings spreche gegen eine solche Lösung, dass eine gesetzliche Regelung, die an bestimmten Sektoren anknüpfe, vor allem aufgrund der mittlerweile erreichten Geschwindigkeit der Innovationen im digitalen Bereich, den tatsächlichen Gegebenheiten und damit den praktischen Bedürfnissen der Wirtschaft stets (zu spät) hinterherliefe.
3. *Keine AGB-Kontrolle bei Vorliegen einer selbstbestimmten unternehmerischen Entscheidung in Kombination mit einer Rückausnahme für Kleinstunternehmen.*

Die Ausnahme von der AGB-Kontrolle, sofern eine selbstbestimmte unternehmerische Entscheidung vorliegt, wobei eine Rückausnahme für Kleinstunternehmen vorzusehen sei, stelle eine flexible Herangehensweise dar, die gerechte Einzelfallentscheidungen durch die Gerichte ermögliche. Allerdings sei mit Blick auf den Begriff der „selbstbestimmten unternehmerischen Entscheidung" zu bedenken, dass die Verwendung unbestimmter Rechtsbegriffe stets mit einer gewissen Rechtsunsicherheit verbunden sei. Zudem bestehe bei einer solchen Regelung die Gefahr, dass Kleinstunternehmer mit Blick auf die AGB-Kontrolle dem Verbraucher (weiterhin) völlig gleichgestellt würden und so die durchaus angemessene Grenze zwischen Unternehmern, zu denen Kleinstunternehmer zählen, und Verbrauchern verwischt würde.

4. *Ermöglichung eines rechtsgeschäftlichen Verzichts für Großunternehmen bei grenzüberschreitenden Verträgen.*
   Mit Blick auf eine gesetzliche Regelung, die es Großunternehmen (nur) bei grenzüberschreitenden Verträgen ermöglicht, rechtsgeschäftlich auf die AGB-Kontrolle zu verzichten, wird als problematisch identifiziert, dass ein solcher individueller Ausschluss der AGB-Kontrolle im Industriemassengeschäft kaum praktisch denkbar sei.

Der Referent zieht folgende Schlussfolgerung: Die AGB-Kontrolle solle selbstverständlich nicht umfassend abgeschafft werden. Das BGB als solches sei an sich „fit" für neue Geschäftsmodelle im Zeitalter der Digitalisierung, allerdings sei im Bereich der AGB-Kontrolle im unternehmerischen Geschäftsverkehr eine Optimierung erforderlich. Dabei müsse weiterhin zwischen einer AGB-Kontrolle im B2B- und B2C-Bereich strikt unterschieden werden. Auch müssten schutzbedürftige Unternehmen weiterhin effektiven gerichtlichen Schutz erhalten. Deshalb müsse eine judikative Klauselkontrolle im Einzelfall weiterhin möglich sein, jedoch mit einem anderen, mit Blick auf die wirtschaftlichen Gegebenheiten geeigneteren Maßstab. Darüber hinaus könne angedacht werden, wie in der Schweiz eine geltungserhaltende Reduktion bei unwirksamen AGB, zumindest im B2B-Bereich, zuzulassen. Der Referent ruft zum Handeln auf: Man müsse dafür sorgen, dass Risiken für die deutschen Unternehmen durch die AGB-Kontrolle bei einer klauselmäßigen Rechtsgestaltung kalkulierbar würden.

2. Diskussion zu Abteilung 1

a) Die gegenständliche Anknüpfung der AGB-Kontrolle (v.a. Wertgrenze)

Zunächst widmet sich die Diskussion der **Frage einer gegenständlichen Anknüpfung der AGB-Kontrolle.** Insoweit wird zunächst die Frage einer **Wertgrenze für die AGB-Kontrolle** diskutiert. Es wird die Frage aufgeworfen, ob ein Anknüpfen der AGB-Kontrolle am Geschäftsvolumen (Bereichsausnahme für Rechtsgeschäfte ab einem gewissen Wert) überhaupt tauglich sei, den Anwendungsbereich der AGB-Kontrolle sachgerecht einzuschränken. In diesem Zusammenhang wird mehrfach darauf hingewiesen, dass das – wie auch immer bestimmte – Vertragsvolumen kein taugliches Abgrenzungskriterium für den Anwendungsbereich der AGB-Kontrolle im unternehmerischen Bereich sei. Vielmehr habe das jeweilige Vertragsvolumen Bedeutung für den Aufwand, den die Unternehmen in die Vertragsverhandlungen investieren und sei somit (allenfalls) für die Abgrenzung zwischen Individualabrede und AGB relevant. Gegen eine solche gegenständliche Anknüpfung der AGB-Kontrolle am Vertragsvolumen wird zudem angeführt, dass es überaus schwierig sei, den Wert eines konkreten Rechtsgeschäfts zu bestimmen. Auch könne sich der Wert des konkreten Rechtsgeschäfts, z.B. durch eine Ausweitung oder Beschränkung des Vertragsgegenstandes, während der Vertragsverhandlungen durchaus ändern, so dass ggf. erst kurz vor Abschluss des Geschäfts feststehe, ob die AGB-Kontrolle auf das konkrete Rechtsgeschäft Anwendung findet. Dies stelle die kautelarjuristische Praxis vor erhebliche Schwierigkeiten.

Problematisch sei auch, ob es insoweit auf den Wert des einzelnen Geschäfts oder auf den Wert aller Verträge mit einem bestimmten Kunden oder innerhalb eines bestimmten Zeitraums ankommen solle. Auch bei Rahmenverträgen sowie Vertragsverbindungen bzw. zusammengefassten Rechtsgeschäften sei es problematisch, eine Wertgrenze zu bestimmen. Gleiches gelte für Verträge mit einem flexiblen Volumen. In verschiedenen Konstellationen könnten solche zur Folge haben, dass der Wert immer wieder neu bestimmt werden müsste. Das könnte dazu führen, dass teilweise die AGB-Kontrolle auf Rechtsgeschäfte zwischen zwei Vertragsparteien Anwendung findet, teilweise aber nicht. Dies entspreche nicht dem Zweck der AGB-Kontrolle und sei mit einer erheblichen Rechtsunsicherheit verbunden. Rechtsvergleichend wird noch darauf hingewiesen, dass sich die Wertgrenze als Instrument zur Beschränkung des Anwendungsbereichs der AGB-Kontrolle auch in Großbritannien nicht durchgesetzt habe.

Auch mit Blick auf die gesetzliche Festlegung einer konkreten Wertgrenze werden gravierende Bedenken erhoben. Sofern diese Wertgrenze zu hoch angesetzt werde, habe die Regelung keine praktischen Auswirkungen, gleichwohl bestünde auch für Geschäfte mit niedrigem Volumen aktuell Reformbedarf.

Vorgeschlagen wird, dass entsprechende Grenzen, die am Wert des Rechtsgeschäfts anknüpfen, allenfalls ein Kriterium unter mehreren darstellen könnten. Sofern man überhaupt auf eine Wertgrenze abstelle, sei diese allenfalls ergänzend sinnvoll. Insofern könnte man eine Regelung erwägen, nach der jedenfalls ab einem bestimmten Wert des Rechtsgeschäfts die AGB-Kontrolle in jedem Fall entfalle. Darüber hinaus wurde eine Wertgrenze für die Anwendbarkeit AGB-Kontrolle insgesamt sehr kritisch gesehen.

Im Ergebnis lehnte es daher die Mehrheit der Diskussionsteilnehmer als **nicht überzeugend** ab, eine Bereichsausnahme **rein gegenständlich** an einem (sehr hohen) Betrag **anzuknüpfen.** Auch eine alternative **Anknüpfung an innovative Geschäftsmodelle** sei nicht zielführend, da dieses Kriterium eigentlich zum Kontrollmaßstab der AGB-Kontrolle gehöre. Hierüber bestand Einigkeit.

b) Die personale Anknüpfung der AGB-Kontrolle

Sodann wendet sich die Diskussion der Möglichkeit einer **personalen Anknüpfung der AGB-Kontrolle** zu. Insoweit wurde nochmals in Erinnerung gerufen, dass der Schutz durch eine judikative AGB-Kontrolle im unternehmerischen Geschäftsverkehr nicht ausblenden dürfe, dass die Regulierung einer etwaigen übergroßen Marktmacht eines Unternehmens dem Kartellrecht obliege. Während in anderen Ländern bisweilen die AGB-Kontrolle an der Marktmacht des Verwenders anknüpfe, dürfe in der deutschen Rechtsordnung die Funktion des Kartellrechts nicht übersehen werden. Erforderlich sei daher ein abstrakt-genereller Maßstab, mit dem es gelinge, typisiert die Fälle zu erfassen, in denen im unternehmerischen Rechtsverkehr die Vertragsgestaltungsfreiheit einseitig in Anspruch genommen wird. In diesem Zusammenhang wurde kurz angesprochen, ob das Kriterium der Schutzbedürftigkeit in den Gesetzestext eingefügt werden sollte. Die entsprechende Überlegung wurde aber überwiegend mit der Begründung zurückgewiesen, dass es ohnehin bei der Formulierung von Ausnahmetatbeständen von der AGB-Kontrolle darum gehe, die (fehlende) Schutzbedürftigkeit zu konkretisieren.

aa) Die Frage der Zweiteilung oder Dreiteilung

Im Zentrum der nachfolgenden Diskussion steht dabei die Frage, ob eine sachgerechte Differenzierung anhand des Begriffs der sog. **KMU** (**kleinen und mittleren Unternehmen**) möglich ist. Immerhin habe sich der Begriff der KMU in zahlreichen anderen Rechtsgebieten als Differenzierungskriterium etabliert. Darüber hinaus wird darauf hingewiesen, dass es auch im Koalitionsvertrag angelegt sei, diesen als Anknüpfungspunkt für die AGB-Kontrolle zu wählen. Dieser Begriff stelle im Vergleich ein hinreichend bestimmbares Kriterium dar, dessen Vorliegen insbesondere bei den Banken im Hinblick auf viele Unternehmen bereits vermerkt sei. Gegen eine Anknüpfung an KMU wird in der Diskussion freilich eingewandt, dass durch die fortbestehende Anwendung der AGB-Kontrolle auf KMU auch viele Unternehmen weiterhin von der AGB-Kontrolle erfasst würden, die faktisch durchaus in der Position seien, sich in Verhandlungen gegenüber Großunternehmen durchzusetzen. Mithin verbinde sich auch mit diesem Begriff eine gewisse Typisierungsunschärfe mit Blick auf den Zweck der AGB-Kontrolle.

Demgegenüber wird es in der Diskussion von einigen Teilnehmern als sinnvoller erachtet, anstelle einer Zweiteilung eine **Dreiteilung der Unternehmen** nach ihrer Größe vorzunehmen. Insofern seien Kleinstunternehmer, Unternehmen mittlerer Größe und Großunternehmen zu unterscheiden. Kleinstunternehmer sollten mit Blick auf die AGB-Kontrolle wie Verbraucher behandelt werden, Großunternehmen – es werden beispielhaft Unternehmen mit mehr als 5000 Mitarbeitern genannt – sollten völlig von der AGB-Kontrolle ausgenommen werden, wenn sie Verträge mit anderen Großunternehmen abschließen. In Bezug auf Unternehmen mittlerer Größe sollten neue Maßstäbe bei der AGB-Kontrolle zur Anwendung kommen. Im Anschluss werden Möglichkeiten diskutiert, wie Unternehmen in die Kategorien eingeordnet werden könnten. Neben der Option, allein an die Anzahl der Mitarbeiter anzuknüpfen, wird auch vorgeschlagen, weitere Merkmale heranzuziehen. Als entsprechende Anknüpfungsmerkmale werden die Bilanzsumme sowie die Umsatzerlöse des Unternehmens vorgeschlagen. Allerdings wäre es dann sinnvoll, wenn ein Unternehmen mindestens zwei der drei Kriterien erfüllen müsste, um in die genannten Kategorien eingeordnet werden zu können.

Im Verlauf der weiteren Diskussion wird die Frage aufgeworfen, ob die **Größe des Unternehmens** tatsächlich stets dessen Verhandlungsmacht indiziere, was mit Blick auf den Zweck der AGB-Kontrolle entscheidend sei. Insofern wird zu bedenken gegeben, dass auch kleine Unternehmen große

Verhandlungsmacht haben können. Paradigmatisch seien Unternehmen, die eine wichtige Software oder Softwarelösung anbieten. Allerdings wird auch insofern darauf hingewiesen, dass natürlich auch die Anknüpfung an der Größe eines Unternehmens wie jede Typisierung gewisse Unschärfen mit sich bringe.

Es wird sodann vorgeschlagen, Rechtsgeschäfte von Großunternehmen von der AGB-Kontrolle auszunehmen und für kleine und mittlere Unternehmen, deren Rechtsgeschäfte die AGB-Kontrolle erfasse, jedenfalls Individualvereinbarungen zu erleichtern, um es ihnen im Einzelfall zu ermöglichen, die AGB-Kontrolle zu vermeiden.

bb) Zeitpunkt und Erkennbarkeit

Die Diskussion wendet sich nun der Frage zu, auf welchen **Zeitpunkt für die personale Abgrenzung** innerhalb der vorstehend ausgeführten Dreiteilung abzustellen ist. Vorgeschlagen werden verschiedene Zeitpunkte. So werden die Zeitpunkte des Vertragsschlusses und des Bilanzstichtags genannt. Allerdings sei möglichst zu verhindern, dass die Unternehmen häufig von einer Kategorie in die andere wechseln. Daher wird betont, dass Kontinuität bei der Zugehörigkeit zu einer der drei Kategorien überaus sinnvoll sei. Um eine solche Kontinuität zu ermöglichen, wird ein Zeitraum von zwei bis drei Jahren vorgeschlagen, für den jeweils die Zugehörigkeit des konkreten Unternehmens zu einer bestimmten Kategorie feststehen soll. Zudem wird angemerkt, dass sich jene Merkmale, die über die Zugehörigkeit zu einer der drei Kategorien entscheiden, während der Vertragsverhandlungen durchaus ändern könnten (z.B. durch den Erwerb weiterer Unternehmensteile) und somit Unsicherheit die Folge sein könne, welche rechtlichen Anforderungen an das konkrete Rechtsgeschäft zu stellen sind.

Als problematischer Aspekt der vorstehend skizzierten personalen Anknüpfung zur Bestimmung der Anwendbarkeit der AGB-Kontrolle wird sodann die **Erkennbarkeit für den Vertragspartner** diskutiert. Denn der Vertragspartner könne nicht zu jedem Zeitpunkt hinreichend sicher erkennen, welche Größe ein Unternehmen habe, egal nach welchen Kriterien sich diese bestimme. Diese Problematik trete regelmäßig bereits innerhalb einer bestimmten Lieferkette auf. Damit werde letztlich auch der Justiz eine Mehrbelastung zugemutet, muss diese doch bei streitigen Verfahren auch die Anwendbarkeit der AGB-Kontrolle prüfen und dabei die Kriterien heranziehen, die zur Bestimmung der Größe des Unternehmens zum maßgeblichen Zeitpunkt, z.B. beim Vertragsschluss, entscheidend sind. Im weiteren Verlauf der Diskussion wird allerdings im Ergebnis verneint, dass eine solche Mehrbelastung bestehen würde, da auch bislang eine Unterscheidung zwischen Verbraucher und Unternehmer erforderlich sei und von den Gerichten in den Verfahren bewältigt werde. Auch nach dem noch geltenden Recht sei für einen Lieferanten zudem bisweilen nicht erkennbar, ob es sich bei seinem Vertragspartner um einen weiteren Lieferanten bzw. Unternehmer oder um einen Endabnehmer handelt.

In diesem Zusammenhang wird vorgeschlagen, eine **Änderung im Firmenrecht** vorzunehmen. So könne eine Kennzeichnung der Klein-/Kleinstunternehmereigenschaft über eine zwingende Firmierungsregel erreicht werden. Eine solche Firmierungsregel für Kleinstunternehmen wurde im Ergebnis als überzeugender bewertet als eine Firmierungsregel sogar für KMU („GmbH-KMU“). So werde auch bereits jetzt Unternehmen ein vergleichbarer Aufwand zugemutet, wie die Regelung in § 19 UStG zeige, wonach Kleinunternehmer verpflichtet sind, den Grund für die fehlenden Umsatzsteuer-Angaben in der Rechnung zB unter Hinweis auf diese gesetzliche Regelung aufzuführen. Eine solche Firmierungsregel würde daher keine relevante Mehrbelastung für die entsprechenden Unternehmen bedeuten. Zudem sei eine entsprechende Firmierung ein klares Kriterium. Es könnten entsprechende Vermutungen daran anknüpfen. Sie sei im Prozess einfach feststellbar. Eingewandt wird allerdings, dass die die Grenze des § 19 UStG zu eng beziehungsweise zu niedrig angesetzt sei. Darüber hinaus sei zu entscheiden, wie mit ausländischen Unternehmen verfahren werden soll.

cc) Die Ergänzung durch einen Vermutungstatbestand

Vor dem Hintergrund dieser Zweifelsfragen wurde im Verlauf der weiteren Diskussion vorgeschlagen, einen **Vermutungstatbestand** einzuführen, um die Abgrenzung nach der Unternehmensgröße praktisch handhabbar zu machen und Zweifelsfälle zu reduzieren. Mit einem solchen Vermutungstatbestand würde Rechtssicherheit geschaffen. Der zunächst unterbreitete Vorschlag, an Kennzeichnungen auf dem Briefkopf des Unternehmens anzuknüpfen, wird als untauglich angesichts des schnelllebigen Handelsverkehrs und moderner Kommunikationsformen erachtet. Auch mündliches Aushandeln wäre von einem solchen Vermutungstatbestand nicht erfasst. Als weitere Möglichkeit zur Anknüpfung eines Vermutungstatbestandes wurde vorgeschlagen, Rechtsfolgen daran zu knüpfen, dass ein Vertragspartner den anderen zu Offenlegung seines Unternehmerstatus auffordert. Wer von der Privilegierung einer Freistellung von der AGB-Kontrolle profitieren wolle, müsse den Vertragspartner im Zuge der Vertragsverhandlungen zur Offenlegung seines Status auffordern und sich im Anschluss darauf berufen. Hiergegen wurden allerdings auch Bedenken formuliert. Zum einen wurde eingewandt, dass dies mit einem nicht geringen Dokumentationsaufwand verbunden sei und damit für den Handelsverkehr eine gewisse Erschwerung bedeute. Zum anderen sei problematisch, dass auf diese Weise die Schutzbedürftigkeit zur Disposition des jeweiligen Unternehmens gestellt werden könnte, wenn dieses einen unzutreffenden Status behaupte. Dies ist letztlich eine Ausprägung der allgemeinen Problematik von Rechtsscheintatbeständen, die eine Absenkung des Schutzniveaus daran knüpfen, dass bestimmte personale Kriterien vorliegen. Hingewiesen wurde insofern auf den Scheinkaufmann sowie den Scheinnichtverbraucher.

Als Alternative oder Ergänzung zum Kriterium der Unternehmensgröße wird ins Gespräch gebracht, die konkrete **Relevanz einer bestimmten Transaktion** für das Unternehmen in Blick zu nehmen. Beispielsweise werde sich ein Unternehmer bei der ersten Investitionsentscheidung im Rahmen der Gründung erhebliche Gedanken über dieses Rechtsgeschäft machen, sodass es vor dem Hintergrund des Zwecks der AGB-Kontrolle gerade keiner AGB-Kontrolle bedürfe.

dd) Die Zusammenfassung der Diskussionsergebnisse

Im **Ergebnis** wird es weit überwiegend befürwortet, **Kleinunternehmen/ Kleinstunternehmer von der Freistellung auszunehmen**. Diese seien als Verwendungsgegner typisiert überwiegend schutzwürdig, d.h. es ist typisiert die Vermutung gerechtfertigt, dass Großunternehmen sowie mittelständische Unternehmen die Vertragsgestaltungsfreiheit einseitig in Anspruch nehmen, wenn sie mit Kleinstunternehmen, ggf. auch mit Kleinunternehmen, kontrahieren. Freilich wird auch insofern auf abweichende Konstellationen in der Praxis verwiesen, in denen Kleinunternehmen oder Kleinstunternehmen eine starke Marktposition innehaben. Dies gelte gerade in Zeiten der Digitalisierung und bei Softwarelösungen. Allerdings wiesen zahlreiche Stimmen darauf hin, dass es sich insofern um Typisierungsunschärfen handele.

Auch mit Blick auf die **Freistellung von Großunternehmen** von der AGB-Kontrolle fanden sich viele zustimmende Meldungen. Insofern wurde weniger das „Ob“ einer solchen Freistellung als das „Wie“ der Abgrenzung zwischen Großunternehmen von mittelständischen Unternehmen/Unternehmen mittlerer Größe thematisiert. Auch wurde angesichts der zahlenmäßigen Bedeutung mittelständischer Unternehmen/Unternehmen mittlerer Größe darauf hingewiesen, dass eine auf Großunternehmen beschränkte Ausnahme vom Anwendungsbereich der AGB-Kontrolle letztlich insbesondere solche Unternehmen erfasse, die vielfach ohnehin mit ihren Verträgen auf ausländisches Recht ausweichen können, da diesen Unternehmen das Aufzeigen eines grenzüberschreitenden Anknüpfungspunktes vielfach nicht sehr schwer falle. Erst die **Freistellung auch mittelständischer Unternehmen**/Unternehmen mittlerer Größe von der strengen AGB-Kontrolle am Maßstab der §§ 307 ff. BGB führe zu einer effektiven Entlastung der Wirtschaft und einer wirkungsvollen Wiederherstellung der grundrechtlich geschützten Vertragsfreiheit bzw. Berufsfreiheit. Darüber hinaus sei zu bedenken, dass beim Zusammentreffen von mittelständischen Unternehmen/Unternehmen mittlerer Größe mit entsprechenden Unternehmen auf der Gegenseite die Annahme einer typisierten einseitigen Inanspruchnahme der Vertragsgestaltungsfreiheit durch eine der beiden Seiten schwer zu rechtfertigen sei. Insofern liege doch die Parallele zum Zusammentreffen von zwei Großunternehmen näher, wobei ebenfalls von zwei typisiert gleichstarken Marktteilnehmern auszugehen sei.

Mit Blick auf das **Verhältnis von Großunternehmen zu mittelständischen Unternehmen**/Unternehmen mittlerer Größe wurde erneut die Frage der relativen Marktstärke und damit der tatsächlichen Gefahr der einseitigen Inanspruchnahme der Vertragsgestaltungsfreiheit durch die Großunternehmen thematisiert. Gegenstand ist hier die Frage, ob auch bei einer Verwendung von AGB durch ein Großunternehmen gegenüber einem mittelständischen Unternehmen/Unternehmen mittlerer Größe eine Freistellung von der AGB-Kontrolle gewährt werden soll. Während bei Kleinunternehmen/Kleinstunternehmen noch die Typisierung als schwächere Marktseite gerechtfertigt sei, da dies wohl überwiegend oder weit überwiegend der Marktsituation entspreche, gehe die Typisierung in der Weise, dass stets oder weitüberwiegend das Großunternehmen marktstärker sei und das mittelständische Unternehmen/Unternehmen mittlerer Größe dementsprechend die marktschwächere Position innehabe, vielfach an der Wirklichkeit vorbei. Insofern würden doch große Typisierungsunschärfen drohen, bedenke man die besondere Marktstellung von mittelständischen Unternehmen/Unternehmen mittlerer Größe, was nicht zuletzt auch in der Kennzeichnung dieser Unternehmen als „hidden champions“ zum

Ausdruck komme. Daher sei zu diskutieren, ob die Typisierungsunschärfen einer entsprechenden Unterscheidung bei der AGB-Kontrolle insofern nicht schon so groß seien, dass eine solche Typisierung der Marktsituation nicht mehr gerechtfertigt ist.

II. Abteilung 2: Die Modifikation der Individualabrede

1. Kurzvortrag Pfeiffer: Individualvereinbarungen und AGB

Der Referent beginnt seinen Vortrag mit der Feststellung, dass mit Blick auf die AGB-Kontrolle dringender Handlungsbedarf im Bereich der Individualvereinbarungen bestehe. Die gesetzlichen Definitionselemente seien das Stellen und Aushandeln. So erfordere eine Vertragsbindung nach allgemeinem Vertragsrecht eine freie Selbstbestimmung. Für die Bejahung einer Individualvereinbarung stelle der BGH dagegen auf mehr oder weniger formalisierte äußerliche Elemente ab. Diese Elemente umfassten die Vorformulierung, die Mehrzahl an Verwendungen, die Änderung der Klausel, dass Vertragsvolumen, die Änderungen anderer Klauseln, die Versendung von mark-ups und die Dauer der Vertragsverhandlungen. Mit dieser Rechtsprechung werde letztlich der Kern des Vertragsrechts verkannt.

Der Referent fordert daher eine Abkehr von rein formalen Kriterien zur Bestimmung des Vorliegens einer Individualabrede, so dass letztlich auch eine Ersetzung (nur) des Tatbestandsmerkmals „Aushandeln" durch „Verhandeln" abzulehnen sei. Vielmehr müsse die freie Selbstbestimmung als maßgebliches materielles Kriterium in den Vordergrund gerückt werden und in der Folge das maßgebliche Kriterium für die Bejahung einer Individualabrede und damit einer Ausnahme von der AGB-Kontrolle darstellen.

Im Wesentlichen gehe es um zwei Punkte: Dem Aushandeln des Vertrags bzw. der Vertragsklauseln stehe es gleich, wenn der Unternehmer diesem bzw. diesen in freier Selbstbestimmung zustimme oder von der Möglichkeit des Aushandelns keinen Gebrauch mache. Sonst entstünde ein widersprüchliches Verhalten, das zurzeit vom AGB-Recht hingenommen werde. Unter der geltenden Rechtslage sei es mit Blick auf die AGB-Kontrolle besser, man sage gar nichts und habe die AGB-Kontrolle auf seiner Seite, obwohl man in der Position gewesen wäre, einzelne Klauseln auszuhandeln. Daher schlägt der Referent vor, eine Ergänzung zu § 310 BGB in das Gesetz einzufügen. Diese könne wie folgt formuliert werden:

Einer Aushandlung im Einzelnen im Sinne von § 305 Absatz 1 Satz 3 steht es gleich, wenn ein Unternehmer in freier Selbstbestimmung
a) *einer Klausel zustimmt oder*
b) *von einer Möglichkeit zur Aushandlung im Einzelnen keinen Gebrauch macht.*

Ergänzend – Gesetzestext oder Gesetzesbegründung:
Ob die Zustimmung zu einer Klausel oder die unterbliebene Wahrnehmung einer Verhandlungsmöglichkeit auf freier Selbstbestimmung des Vertragspartners beruhen, ist auch unter Berücksichtigung folgender Merkmale zu beurteilen: Marktstellung und Größe der Vertragsparteien, Änderung anderer Klauseln des Vertrags, gegenseitiges Nachgeben der Vertragsparteien, Austausch abgeänderter Vertragsentwürfe, Bedeutung und Wert des abgeschlossenen Vertrags, anwaltliche Vertretung oder Beratung des Vertragspartners sowie Dauer und Gründlichkeit von Vertragsverhandlungen.

Der Referent vermutet, dass die Einführung eines entsprechenden Kriterienkataloges zu einer positiven Entwicklung der Rechtsprechung führe, weil mit diesem endlich gewährleistet werde, dass die freie Selbstbestimmung der Vertragsparteien ihren Ausdruck finde und damit kein Bruch mehr zum allgemeinen Vertragsrecht bestünde.

2. Diskussion zu Abteilung 2

a) Die Reichweite der Individualabrede

Einleitend wird festgehalten, dass es generell für eine Änderung im Bereich der Individualabrede spreche, dass mit dieser Änderung **differenziertere Lösungen** erreicht werden können als mit einer allgemeinen Einschränkung des Anwendungsbereichs der AGB-Kontrolle. Verglichen mit Bereichsausnahmen könne eine wertungspräzise Regelung der Individualabrede auf sachgerechte Weise einen hinreichenden Spielraum für die unternehmerische Tätigkeit z.B. auch bei großvolumigen Geschäften schaffen.

Sodann wird die Frage aufgeworfen, ob die Qualifikation als Individualabrede sich auf die **einzelne Vertragsklausel** beziehe **oder den ganzen**

Vertrag betreffe. *Pfeiffer* erläutert hierauf, dass die Qualifikation für ihn unmittelbar nur an der Klausel ansetze, dass sie mittelbar aber auch vertragsbezogen sei, weil für die Frage, ob die einzelne Klausel individuell ausgehandelt sei, der ganze Vertrag in den Blick genommen werden müsse. Gegen diese Überlegung wird eingewandt, dass es in der Praxis üblich sei, dass Juristen nur die wichtigsten drei bis zehn Vertragsklauseln beanstanden dürften, sodass mit Blick auf die Qualifikation als Individualabrede im B2B-Bereich ein Abstellen auf den ganzen Vertrag geboten sei. Zudem würden etwa bei Finanzgeschäften in der Unternehmenspraxis weitüberwiegend Standardverträge verwendet, ausgehandelt würden von den Parteien sodann nur die Konditionen. Deshalb sei es wichtig, den ganzen Vertrag in den Blick zu nehmen, wenn es um die Qualifikation als Individualabrede gehe, die zu einer Unanwendbarkeit der AGB-Kontrolle führt. Die Verwendung marktüblicher Klauseln dürfe zudem kein Nachteil sein. Hingewiesen wird auch darauf, dass Aushandeln bedeute, in einem Punkt nachzugeben und in einem anderen Punkt die eigene Position durchzusetzen oder diese sogar noch auszubauen. Aus diesem Grund sei es nicht möglich, beim Aushandeln auf die einzelne Klausel abzustellen, sofern diese nicht mehrere Punkte gleichzeitig regele. Weiter wird für ein Anknüpfen an den ganzen Vertrag angeführt, dass die einseitige Inanspruchnahme der Vertragsgestaltungsfreiheit durch eine Partei, die eine AGB-Kontrolle letztlich rechtfertige, im Hinblick auf den ganzen Vertrag und nicht nur mit Blick auf die einzelne Klausel bestünde. Es wird weiter darauf hingewiesen, dass das BGB schon jetzt unterscheide zwischen AGB als relevantem Anknüpfungspunkt für den Anwendungsbereich der Klauselkontrolle und der einzelnen Klausel als Gegenstand der richterlichen Beurteilung.

b) Die selbstbestimmte unternehmerische Entscheidung

Überwiegend wird der Vorschlag von Wortbeiträgen unterstützt, eine Individualabrede der unternehmerischen Vertragsparteien dann anzunehmen, wenn eine **selbstbestimmte unternehmerische Entscheidung** vorliegt (Vorschlag der Frankfurter Initiative). Es wird ergänzend erläutert, dass dieser Begriff sich an den in der Handelsvertreter-Entscheidung des BVerfG geprägten Begriff der „freien Selbstbestimmung“ anlehne. Die Verwendung der Begrifflichkeit des BVerfG könnte zudem den Schutz der verfassungsrechtlich gewährleisteten Vertragsfreiheit bei der AGB-Kontrolle im B2B-Bereich gewährleisten und die Chancen erhöhen, eine Änderung auch praktisch in der Rechtsprechung der Zivilgerichte durchzusetzen. Kritisiert wird allerdings teilweise, dass beide Begriffe zu unbestimmt seien. Dem wird allerdings entgegengehalten, dass zumindest der Begriff der „freien Selbstbestimmung“ durch das BVerfG in dieser Entscheidung bereits hinreichend definiert sei. Im weiteren Verlauf wird zudem die Überlegung vorgetragen, ob nicht die freie unternehmerische Entscheidung erst das Ergebnis sei, das man von der AGB-Inhaltskontrolle freistellen wolle, sodass dieses Ergebnis nicht mit den Kriterien gleichzusetzen sei, bei deren Vorliegen bzw. Erfüllung von einer solchen (angestrebten) Entscheidung der Parteien auszugehen sei.

Gegen eine Anknüpfung an die selbstbestimmte unternehmerische Entscheidung wird zudem angeführt, dass dieses ein subjektives Kriterium sei. Vorzugswürdig sei daher ein Vorschlag, der auf objektive Kriterien, namentlich die Angemessenheit der Verhandlung (*Berger*), abstelle. Als zusätzliches Element könne die fehlende Nutzung einer Verhandlungsmöglichkeit angedacht werden, um jene Konstellationen zu erfassen, bei denen in freier Selbstbestimmung von einer Änderung der AGB abgesehen wird. Es wird im Folgenden allerdings in Zweifel gezogen, ob die Angemessenheit des Verhandelns wirklich ein entscheidendes Kriterium für die Anwendung der AGB-Kontrolle sein könne. Es sei doch zweifelhaft, ob man den Gerichten überantworten könne, zu beurteilen, ob die Parteien bei dem konkreten Rechtsgeschäft „angemessen“ verhandelt haben. Auch insofern seien dann objektiv konkretisierende Aspekte zu nennen, mit denen der unbestimmte Rechtsbegriff der Angemessenheit der Vertragsverhandlungen weiter konkretisiert werden könne.

Ein alternativer Vorschlag nimmt Bezug auf die Marktüblichkeit der AGB, die für die Frage, ob im konkreten Fall AGB vorliegen oder nicht, stärker in den Blick genommen werden solle. Hierauf wird jedoch entgegnet, dass die Frage der Marktüblichkeit von AGB richtigerweise eine Frage der Inhaltskontrolle der AGB sei und deswegen sachgerechter Weise auch dort thematisiert werden müsse.

c) Individualabreden von Kleinunternehmen

Sodann kommt zur Sprache, ob entsprechend geänderte Bestimmungen zur Qualifikation einer Individualabrede auch für Klein(st)unternehmen gelten sollten. Hierbei wird darauf hingewiesen, dass es einen Systembruch im AGB-Recht darstellen würde, wenn bei Klein(st)unternehmen im Falle des Vorliegens einer – wie auch immer in Zukunft bestimmten – selbstbestimmten unternehmerischen Entscheidung keine Individualabrede vorliegen würde. *Pfeiffer* führt aus, dass das von ihm vorgeschlagene Modell einer Individualabrede keiner Bereichsausnahme für Kleinstunternehmer bedürfe, da der vorgelegte Kriterienkatalog in aller Regel zu dem Ergebnis führen werde, dass bei Kleinstunternehmern gerade keine selbstbestimmte unternehmerische Entscheidung und damit auch keine Individualabrede vorläge.

d) Die Regelungstechnik: Regelbeispiele, Vermutungen

Angemerkt wird, dass der BGH nach der jetzigen Rechtslage schon unternehmerische Sitten und Gebräuche berücksichtigen könne, dies jedoch nicht hinreichend tue. Deswegen sei es notwendig, mit Blick auf eine etwaige Änderung des AGB-rechts im B2B-Bereich eine erhöhte Rechtssicherheit, aber auch eine wertungspräzisere Erfassung der dann modifizierten Individualabrede durch **Regelbeispiele und Vermutungsregeln** zu schaffen. Entsprechende Regelbeispiele könnten entweder in den Materialien zum Änderungsgesetz oder im BGB selbst verortet werden. Gegen gesetzliche Vermutungsregeln wird allerdings eingewandt, dass bei einem Kriterienkatalog im Gesetz oder in den Materialien der Gesetzgebung bereits deutlich werde, welches der angeführten Kriterien für und welches gegen eine Individualvereinbarung spräche. Angeführt wird darüber hinaus die Überlegung, dass ein Kriterienkatalog ohne Vermutungsregeln im Gesetzgebungsverfahren einfacher durchzusetzen sei. Es wäre für die politische Durchsetzbarkeit nach dieser Ansicht auch von Vorteil, wenn dieser Kriterienkatalog zur Konkretisierung der Individualabrede nicht im Normtext, sondern in die Begründung zur gesetzlichen Neuregelung eingefügt werde.

e) Einzelne Kriterien: Verhandlungsdauer, Vertragswert, gegenseitiges Nachgeben

Gegen das **Kriterium der Verhandlungsdauer** wird eingewandt, dass die Dauer der Verhandlungen nicht mit der Intensität der Verhandlungen gleichgesetzt werden könne. Manchmal seien Vertragsverhandlungen intensiver, wenn drei Tage lang am Stück durchverhandelt werde, als wenn binnen zweier Monate nur zwei kurze Termine mit einem Austausch über den Vertragsinhalt stattfänden. Manchmal seien darüber hinaus Vertragsverhandlungen auch nicht nötig, weil die entsprechende Klausel (markt)üblich sei.

Bezüglich des **Kriteriums des Wertes des Vertrages** wird angemerkt, dass die Bestimmung eines konkreten Vertragswertes der Rechtsprechung überantwortet werden sollte. Eine größere Flexibilität sei hier von Vorteil, da sich die Bedeutung eines Vertrages mit einem bestimmten Wert für Unternehmen je nach Größe unterscheiden könne.

In jedem Fall sei es sinnvoll, wenn der Gesetzgeber auf die eine oder andere Weise festhalte, dass jene Kriterien, die der BGH bisher verwendet, um das Vorliegen einer Individualabrede zu bejahen, nicht mehr allein maßgebend seien. Der neue **Kriterienkatalog** zur Bestimmung einer Individualabrede solle **nicht abschließend** sein, um es der Rechtsprechung zu ermöglichen, am Einzelfall ausgerichtet, interessengerechte Entscheidungen zu treffen und hinreichend offen zu sein, um neue Entwicklungen aufgreifen zu können.

Eine Mehrheit der Teilnehmer begrüßt mit Blick auf den Vorschlag zur Bestimmung der Individualabrede von *Pfeiffer* zudem, dass mit dem Anknüpfen der Individualabrede an ein **gegenseitiges Nachgeben** und die Verhandlungsmacht der Parteien jener Fall erfasst werde, dass ein Verhandeln von dem Klauselverwender nur „vorgetäuscht“ werde. Mit Blick auf den Zweck der AGB-Kontrolle sei durchaus wichtig, dass rein symbolische Zugeständnisse nicht ausreichend sein dürften, um auf eine Individualabrede zu schließen und aus der AGB-Kontrolle zu entkommen. Deshalb sollte es den Gerichten weiterhin überantwortet werden, jeden Einzelfall anhand der genannten Abgrenzungskriterien zu beurteilen. Dies dürfe natürlich nicht dazu führen, dass das Gericht den Vertragspreis überprüfe; dies sei nicht gewollt. Jedenfalls dürfe die AGB-Kontrolle etwa nicht durch eine Scheinverhandlung umgangen werden. Eine solche liege beispielsweise vor, wenn ein Großunternehmen in der Vertragsverhandlung ein „take it or leave it-Angebot“ unterbreite und der Verhandlungspartner dieses aufgrund wirtschaftlicher Abhängigkeit mangels Alternativen auf dem Markt annehme. Problematisch seien darüber hinaus die Fälle, in denen die Selbstbestimmtheit des Verwendungsgegners auch anhand der vorgeschlagenen Kriterien nicht eindeutig zu bestimmen sei. Daher wird von einzelnen Stimmen eine gewisse Rechtsunsicherheit außerhalb der Regelbeispiele befürchtet.

Gegen einzelne der genannten Anknüpfungskriterien des Referenten wird eingewandt, dass **Marktdruck** und eine etwaige **situative Unterlegenheit** nicht kategorisch gegen die freie Selbstbestimmung des Unternehmens beim Abschluss des konkreten Vertrags sprächen. Gleichwohl sei eine einvernehmliche Ausgestaltung des Vertrags in entsprechenden Konstellationen denkbar und durchaus realistisch. Dies führt allerdings umgehend zur Gegenargumentation, dass der Begriff der selbstbestimmten Entscheidung einer Interpretation zugänglich sei und damit sowohl er selbst als auch die herangezogenen Abgrenzungskriterien einzelfallbezogen auszulegen und anzuwenden seien.

f) Die Konkretisierung der selbstbestimmten Entscheidung

Insgesamt wird es mehrheitlich begrüßt, auf **objektive Kriterien** zur Bestimmung des Vorliegens einer Individualabrede abzustellen. Insbesondere könne sich die maßgebliche selbstbestimmte unternehmerische Entscheidung nicht in der allgemeinen Willensfreiheit der Parteien erschöpfen, da diese ohnehin bereits über § 123 BGB geschützt sei.

Vorgeschlagen wird, eine **abstrakte Definition der selbstbestimmten unternehmerischen Entscheidung** in das Gesetz oder zumindest in die Materialien aufzunehmen. Auf diesem Weg könne der Rechtsprechung der maßgebliche Maßstab abstrakt-generell an die Hand gegeben werden und zugleich klargestellt werden, dass sich die selbstbestimmte unternehmerische Entscheidung nicht mit der allgemeinen Willensfreiheit deckt. Auf diese Weise sei auch eine größere Rechtssicherheit erzielbar, bildet eine derartige allgemeine Definition doch den Hintergrund für die judikative Konkretisierung unter Heranziehung der Regelbeispiele. Gegen diesen Vorschlag wird eingewandt, dass eine solche Definition stets anhand konkreter Fälle entwickelt werden müsse, um im Ergebnis praktikabel zu sein. Daher sei zu überlegen, ob die Herausarbeitung einer solchen abstrakt-generellen Definition nicht Wissenschaft und Rechtsprechung zu überlassen sei. Mit anderen Worten solle der Gesetzgeber besondere Sorgfalt auf die einzelnen Regelbeispiele verwenden, die dann von Wissenschaft und Rechtsprechung bei der Formulierung einer abstrakt-generellen Definition zu berücksichtigen sind. Umgekehrt werden Bedenken laut, dass eine judikative Konkretisierung des abstrakt-generellen Maßstabs auch bei den bisherigen Regelungen des AGB-Rechts erfolgt ist und sich diese gerade aus der Sicht der Mehrheit der Teilnehmer als zu eng erweise. Vor dem Hintergrund der restriktiven Rechtsprechung sei daher fraglich, ob es sinnvoll ist, die Konkretisierung abstrakt-genereller Maßstäbe erneut allein der Rechtsprechung zu überlassen. Gerade vor dem Hintergrund der BGH-Rechtsprechung zur AGB-Kontrolle im B2B-Bereich sei *de lege ferenda* die Aufnahme einer Definition der unternehmerischen Entscheidung zu erwägen. Anerkennung findet auch die auf diese Weise ggf. gesteigerte Rechtssicherheit. Insbesondere die Unterwerfung unter die einseitige Gestaltungsmacht der anderen Seite sei ein passendes materielles Kriterium, das bei der Konkretisierung der selbstbestimmten unternehmerischen Entscheidung zu berücksichtigen sei und daher zumindest in die Gesetzesbegründung aufgenommen werde sollte. Es sei im Einzelfall durch Indizien bestimmbar, z.B. die Einflussnahme durch anwaltliche Vertretung – wenn auch nur relativ.

III. Abteilung 3: Die Modifikation des Maßstabs der Inhaltskontrolle

1. Kurzvortrag Kondring: Maßstab der AGB-Kontrolle im unternehmerischen Rechtsverkehr

Der Referent beginnt mit der Feststellung, dass die Verhandlungsmacht bei Vertragsverhandlungen nicht zwangsläufig von der Größe des Unternehmens abhängig sei. So dürfe insbesondere nicht auf den Konzern insgesamt abgestellt werden, sondern vielmehr müssten die einzelnen Geschäftsbereiche in Blick genommen werden. Die aktuelle Praxis der Unternehmen sei dadurch geprägt, dass die Unternehmen aufgrund der sehr strengen AGB-Kontrolle im B2B-Bereich das deutsche Recht abwählen – soweit dies möglich sei – und stattdessen schweizer Recht vereinbaren würden, von dem man die Vorstellung habe, dass es gerade mit Blick auf klauselmäßige Abreden wesentlich flexibler sei. Um dieser Entwicklung entgegenzutreten, sei es notwendig, im deutschen Recht den Prüfungsmaßstab der AGB-Kontrolle für den B2B-Bereich grundlegend zu ändern. Die bisherige Regel des § 310 I 2 Hs. 2 BGB führe aufgrund einer rein abstrakt-generellen Kontrolle und restriktiven Auslegung durch die Gerichte ins Leere. Vorzugswürdig sei daher, anstelle der aktuellen gesetzlichen Regelung, die auf Handelsbräuche und Gewohnheiten abstelle, an einer „guten“ oder „vernünftigen“ unternehmerischen Praxis anzuknüpfen, um den Maßstab der AGB-Kontrolle im B2B-Bereich zu modifizieren. Insofern sei darauf hinzuweisen, dass der Begriff der „guten unternehmerischen Praxis“ sich in ähnlicher Weise bereits in zahlreichen Normierungen finde. Insoweit seien u.a. Art. 3 III Richtlinie 2000/35/EG, Art. II 9:405 DCFR und Art. 86 I GEK zu nennen.

Einwände, die gegen eine solche Kodifikation sprechen könnten, namentlich die Schaffung eines neuen unbestimmten Rechtsbegriffs sowie die Gefahr einer Erosion des Schutzes des wirtschaftlich unterlegenen Vertragspartners, greifen nach Ansicht des Referenten nicht durch. Er verweist darauf, dass auch im B2B-Bereich ein konkret-situativer Prüfungsmaßstab anzulegen sei und die AGB-Kontrolle damit individualisiert werden müsse. Ein solcher Prüfungsmaßstab habe sich in vielen europäischen Ländern bereits etabliert. Sogar im B2C-Bereich sei *de lege lata* eine individuell-konkrete Prüfung erforderlich wie § 310 III Nr. 3 BGB zeige. Mit einer individuell-konkreten Prüfung sei zudem die bisher vom BGH praktizierte Indizwirkung der §§ 308, 309 BGB unvereinbar.

Aufbauend auf einer Vielzahl von Prüfungskriterien für eine solche individuell-konkrete Prüfung und auf dem Verweis auf internationale Standards schlägt der Referent im Ergebnis die Einführung eines neuen § 310 Abs. 3a BGB vor:

> *Bei Verträgen zwischen Unternehmern sind bei der Beurteilung der unangemessenen Benachteiligung nach § 307 Abs. 1 und 2 die sonstigen Klauseln desselben Vertrages und damit zusammenhängender anderer Verträge sowie sämtliche den Vertragsschluss begleitenden Umstände einschließlich der guten Handelspraxis zu berücksichtigen. Die Umstände des Einzelfalls umfassen insbesondere auch die Art der vertragsgegenständlichen Güter oder Dienstleistungen, das Verhältnis von Preis und Leistung, das Kräfteverhältnis zwischen den Verhandlungspositionen der Parteien sowie eine Einwirkung auf die andere Vertragspartei, um deren Zustimmung zu dieser Klausel zu erlangen.*

2. Diskussion zur Abteilung 3

a) Die „gute unternehmerische Praxis“ als Korrektiv in der AGB-Kontrolle

In der anschließenden Diskussion wird zunächst festgehalten, dass der BGH seine Rechtsprechung auch im B2B-Bereich an jenen Maßstäben ausrichte, die für den B2C-Bereich gelten. Die vom Gesetzgeber angesprochene flexiblere Gestaltung der AGB-Kontrolle im B2B-Bereich habe nur begrenzte Wirkung entfaltet. So komme dem Begriff des „Handelsbrauchs“ – außer in jenen Bereichen, die historisch gewachsen die klassischen Felder des Handels darstellen (z.B. der Holzhandel mit dem entsprechenden Handelsbrauch) – keine entscheidende Bedeutung zu. Die AGB-Kontrolle im B2B-Bereich müsse hingegen elastischer gestaltet werden, um den Bedürfnissen des unternehmerischen Geschäftsverkehrs besser als bislang gerecht zu werden.

Breite Zustimmung findet die Aufnahme der **Formulierung „gute unternehmerische Praxis“** in das AGB-Recht, um einen eigenständigen Maßstab für die AGB-Kontrolle im Bereich des unternehmerischen Geschäftsverkehrs einzuführen. Diese Formulierung sei zwar sprachlich nicht besonders „schön“, insoweit sei allerdings zu berücksichtigen, dass eine solche Formulierung an verschiedenen Stellen bereits im Gesetz verankert sei und zudem marktübliche Regelungen erfasse. Daher sei es nicht zuletzt mit Blick auf die Realisierbarkeit einer entsprechenden Gesetzesänderung durchaus sachgerecht, eine entsprechende Modifikation im AGB-Recht zu propagieren.

Darüber hinaus wird diagnostiziert, dass das AGB-Recht bislang nur eine Vertragspartei, nämlich den Verwendungsgegner und dessen Schutz in Blick nehme. Auch der Verwender habe aber berechtigte Interessen, die er teilweise nur durch die Verwendung von AGB umsetzen könne. Wegen der anerkannten Ermöglichungsfunktion des Zivilrechts, wonach das Zivilrecht adäquate Instrumente für den Privatrechtsverkehr bereitzustellen habe, sei daher bei einer gesetzgeberischen Ausgestaltung des AGB-Rechts auch der Klauselverwender in Blick zu nehmen. Mit Blick auf den Begriff der „guten unternehmerischen Praxis“ wird darüber hinaus betont, dass dieser eine „normative Dignität“ habe und daher grundsätzlich als Begriff für die Integration in das AGB-Recht sehr gut geeignet sei.

Die Diskussionsteilnehmer stimmen weit überwiegend der Auffassung zu, wonach eine „grobe Abweichung von der guten unternehmerischen Praxis“ ein sinnvolles Korrektiv der Inhaltskontrolle im Bereich des unternehmerischen Rechtsverkehrs darstellt.

b) Zur Konkretisierung dieses Maßstabes („grobe“ oder „unbillige“ Abweichung)

Mit Blick auf den Maßstab der „guten unternehmerischen Praxis“ bleibe aber zu konkretisieren, welche Standards wirklich einer solchen „guten unternehmerischen Praxis“ unterfallen würden. Dabei wird betont, dass nicht alle in der unternehmerischen Praxis üblichen Standards vor dem Hintergrund dieses Maßstabs automatisch „sakrosankt“ seien. Vielmehr könne und solle der Verweis auf eine „gute“ unternehmerische Praxis als **zusätzlicher normativer Filter** wirken. Insofern sei der Unterschied zu einem bloßen Verweis auf die „unternehmerische Praxis“ zu betonen; mit einem Maßstab, der ausdrücklich auf eine „gute“ unternehmerische Praxis abstelle, werde ein normatives Kriterium in das AGB-Recht eingeführt, das eine hinreichende Kontrolle der Unternehmenspraxis ermögliche. Mit dem Verweis auf eine erforderliche „gute“ Praxis können gerade auch bestehende Standards auf den Prüfstand gestellt werden. Gleichwohl sei verglichen mit der restriktiven Anknüpfung an Handelsbräuche im aktuellen AGB-Recht die erforderliche ganz erhebliche Ausweitung mit einem solchen normativen Maßstab verbunden.

Hinsichtlich des Maßstabs wird zudem von einigen Teilnehmern angeregt, dass erst bei einer **„groben Abweichung“ von der „guten unternehmerischen Praxis“** eine judikative Korrektur ermöglicht werden solle. Anderenfalls bestehe erneut die erhebliche Gefahr einer restriktiven judikativen Inhaltskontrolle von unternehmerischen AGB. Das Gesetz müsse der Praxis einen hinreichenden Spielraum belassen, mit anderen Worten dürfe nicht bei jeder noch so geringen Abweichung (die vom Gericht festgestellt wird) eine judikative Korrektur der vertraglichen Abrede, namentlich der AGB drohen. Diesen Gedanken aufgreifend wird alternativ vorgeschlagen, anstelle des Begriffs der „groben Abweichung“ den Ausdruck **„unbillig“** oder **„erheblich“** im Gesetz zu verwenden. Gegen entsprechende Formulierungen zur weiteren Beschränkung der judikativen Kontrolle wird aber umgehend eingewandt, dass der Maßstab einer „guten unternehmerischen Praxis“ richtigerweise immer einen Korridor möglicher Vertragsinhalte bzw. Klauselinhalte und nicht nur eine bestimmte Lösung bezeichne. Zudem sei zu berücksichtigen, dass das BGB den Begriff „grob“ grundsätzlich zur Kennzeichnung einer äußersten Grenze verwende und daher dieser Begriff mit Blick auf die Abweichung von der „guten unternehmerischen Praxis“ zu „scharf“ sei. Auch wird zu bedenken gegeben, dass bei einer entsprechenden weiteren Einschränkung der „guten unternehmerischen Praxis“ eine Doppelung der unbestimmten Rechtsbegriffe folge, also der Maßstab (gute unternehmerische Praxis) selbst schon konkretisierungsbedürftig sei und mit Blick auf die erforderliche Abweichung (grob, unbillig, erheblich) sodann ein weiterer unbestimmter Rechtsbegriff hinzutrete. Dem berechtigten Anliegen dieser Vorschläge, einer (erneuten) zu restriktiven Auslegung der „guten unternehmerischen Praxis“ durch die Rechtsprechung von Anfang an entgegenzutreten, könne durch entsprechende Hinweise in den Gesetzesmaterialien zum angemessenen Verständnis des neuen normativen Maßstabs hinreichend Rechnung getragen werden.

Alternativ wird der Vorschlag unterbreitet, anstelle der „guten unternehmerischen Praxis“ auf die **„Branchenüblichkeit“ der konkreten AGB-Klauseln** abzustellen. Allerdings wird dieser Vorschlag umgehend mehrheitlich zurückgewiesen, da die „Branchenüblichkeit“ richtigerweise ein Unterkriterium der „unternehmerischen Praxis“ sei. Ferner werde mit der

Anknüpfung des gesetzlichen Maßstabs an die „unternehmerische Praxis“ die Internationalisierung ebenso ermöglicht wie Berücksichtigung der unternehmerischen Praxis in neuen Geschäftsfeldern.

c) Die Korrektur der Indizwirkung der §§ 308, 309 BGB

Darüber hinaus wird angeregt, die von der Judikative unter Geltung des aktuellen AGB-Rechts propagierte **Indizwirkung der §§ 308, 309 BGB** in Bezug auf eine unangemessene Benachteiligung des Verwendungsgegners für den unternehmerischen Verkehr ausdrücklich gesetzgeberisch **auszuschließen.** Dem wird allerdings das Bedenken entgegengestellt, dass ein solcher gesetzlicher Ausschluss der Indizwirkung der §§ 308, 309 BGB die politische Realisierbarkeit einer Reform des AGB-rechts im B2B-Bereich letztlich verhindern könnte. Zudem sei es ausreichend, die „gute unternehmerische Praxis“ als Maßstab für die AGB-Kontrolle im unternehmerischen Geschäftsverkehr einzufügen, um hinreichend deutlich zu machen, dass die Wertungen der §§ 308, 309 BGB nur insoweit greifen sollten, als die in Rede stehende Klausel die dadurch möglichen Handlungsspielräume verlässt.

Als Minimallösung wird vorgeschlagen, zumindest eine **Klarstellung in die Gesetzesmaterialien** aufzunehmen, dass eine Indizwirkung der §§ 308, 309 BGB im Bereich des B2B-Geschäftsverkehrs nicht anzunehmen sei. Als Folge dessen müsste bei einer gerichtlichen Überprüfung der Klausel dann im konkreten Einzelfall begründet werden, warum eine Klausel gleichwohl am Maßstab der §§ 308, 309 BGB zu messen sei und als unangemessen verworfen werden könne. Dagegen wird freilich eingewandt, dass bei einer Beibehaltung der Anknüpfung der AGB-Kontrolle an das gesetzliche Leitbild ein gewisses Spannungsverhältnis zu einem etwaigen Verzicht auf die Indizwirkung des dispositiven Gesetzesrechts auftrete. Denn in jenen Konstellationen, die von den §§ 308, 309 BGB erfasst werden, liege in der Regel eine Abweichung vom gesetzlichen Leitbild vor, sodass mit gutem Grund eine unangemessene Benachteiligung bejaht werden könne. Dem wird allerdings entgegengehalten, dass zum einen nicht jede Abweichung vom gesetzlichen Leitbild eine unangemessene Benachteiligung des Vertragspartners bedeute. So habe der BGH über einen langen Zeitraum Bearbeitungsentgelte bei Bankdarlehen im B2B-Bereich nicht für unangemessen am Maßstab des § 307 BGB bewertet und mithin gebilligt. Erst im Jahr 2018 ist der BGH diesen Bearbeitungsentgelten mit der Begründung entgegengetreten, sie wichen vom gesetzlichen Leitbild ab. In der Diskussion wird weiterhin entgegnet, dass die Indizwirkung gerade diese maßgebliche Frage – das Vorliegen einer unangemessenen Benachteiligung durch die Abweichung vom gesetzlichen Leitbild – überspiele, in dem diese Frage nicht mehr thematisiert werden müsse, sondern unter Verweis auf die Indizwirkung der §§ 308, 309 BGB letztlich bejaht werden könne. Als Minus zum Entfallen der Indizwirkung wird vorgeschlagen, im Gesetz oder zumindest in den Materialien deutlich zu machen, dass auch bei Vorliegen einer von den §§ 308, 309 BGB erfassten Konstellation nicht ohne weiteres von einem Verstoß gegen die Anforderungen einer „guten unternehmerischen Praxis" auszugehen sei.

Alternativ wird erwogen, die „gute unternehmerische Praxis" als **eigenen Maßstab für die Inhaltskontrolle** im B2B-Bereich zu normieren. Als Gegenüberlegung hierzu wird vorgetragen, dass eine eigenständige Regelung des Maßstabes der Inhaltskontrolle für B2B-Geschäfte der Regelungspraxis des deutschen Gesetzgebers widerspreche, nach der allgemeine Regelungen vor die Klammer adressiert werden. Insoweit wird auch in Frage gestellt, ob die Leitbildfunktion des dispositiven Rechts für den unternehmerischen Rechtsverkehr sachgerecht sei. Entsprechende Zweifel resultierten aus der Vielzahl unternehmerischer Rechtsbeziehungen, der Vereinbarung aytpischer Verträge oder von Typenmischverträgen zur Gestaltung neuer Geschäftsmodelle. Nach zahlreichen Stimmen spräche aber doch recht viel für einen gemeinsamen Maßstab der AGB-Kontrolle im B2B-Bereich und im B2C-Bereich, wenn und soweit den Besonderheiten des B2B-Bereichs ausreichend Rechnung getragen werden könne. Insofern sei eine „bloße" Verschiebung des Maßstabs für den B2B-Bereich durch den gesetzlichen Hinweis auf die Berücksichtigung einer „guten unternehmerischen Praxis" erforderlich, aber auch ausreichend. Als weiterer ergänzender Vorschlag hierzu wird vorgetragen, ob nicht eine **negative Formulierung** gewählt werden sollte. Legt man eine solche zugrunde, dann liege keine unangemessene Benachteiligung durch AGB vor, wenn die Klausel der guten unternehmerischen Praxis entspricht. Zur Begründung wird angeführt, dass das Gericht von sich aus keine Kenntnis der unternehmerischen Praxis haben müsse und der Klauselverwender nicht überfordert werde, wenn er seine AGB rechtfertigen müssen mit dem Nachweis, dass diese der unternehmerischen Praxis entsprechen, und der Begründung, dass die resultierende Vertragsgestaltung gute Praxis sei. Gegen eine solche negative Formulierung wird allerdings eingewandt, dass in diesem Fall die „gute unternehmerische Praxis" als Ausnahme von der Treuwidrigkeit dargestellt werde und konsequenterweise daher mit diesem Vorschlag die Argumentationslast umgekehrt würde. Denn normalerweise müsse derjenige, der sich auf eine Abweichung (negative Formulierung) beruft, diese begründen.

d) Die Problematik des gesetzlichen Leitbildes in innovativen Geschäftsfeldern

Im Verlauf der weiteren Diskussion wird zudem vorgeschlagen, die **Regelung des § 307 Abs. 2 Nr. 2 BGB** im unternehmerischen Bereich **abzuschaffen.** Grund hierfür sei, dass gerade in innovativen Geschäftszweigen regelmäßig noch kein gesetzliches Leitbild der vertraglichen Abreden zu identifizieren sei, sodass dieser Maßstab bestenfalls leerlaufe, regelmäßig allerdings zu Verzerrungen in Bezug auf die von den Parteien intendierte Risikoverteilung führe. Auch bei einer Vielzahl von Rechtsgeschäften im B2B-Bereich sei kein gesetzliches Leitbild identifizierbar, sodass ein solches von der Rechtsprechung eigenständig formuliert werde. In diesem Zusammenhang wird zudem darauf hingewiesen, dass diese Leitbildfunktion auch Grundlage der Entscheidung des BGH zum Bearbeitungsentgelt bei unternehmerischen Darlehen gewesen sei. Dies zeige die „Gefährlichkeit“ der Anknüpfung an (vermeintliche) Leitbilder für die AGB-Kontrolle im unternehmerischen Bereich; dies gelte erst recht bei einer an Einzelklauseln orientierten AGB-Kontrolle, die den Vertrag als Ganzes und die dort enthaltene Risikoverteilung nicht hinreichend berücksichtige.

Die hiermit angesprochene Rechtsprechung des BGH zur Entgeltkontrolle bei unternehmerischen Darlehen wird von einer Vielzahl von Diskussionsteilnehmern sehr deutlich kritisiert. Allerdings wird auch zu bedenken gegeben, dass dies ein Sonderfall sei, dessen Ergebnis nicht den AGB-rechtlichen Regelungen, sondern der Auslegung des § 488 BGB entspringe. Diese mittlerweile ständige Rechtsprechung sei kein Grund, die Leitbildfunktion in Frage zu stellen. Zur dringend erforderlichen Korrektur dieser Rechtsprechung könne daher vorzugswürdig in § 488 BGB das gesetzliche Leitbild des Darlehensvertrags vom Gesetzgeber selbst klargestellt werden, um zu Ergebnissen zu gelangen, die von der genannten BGH-Rechtsprechung abweichen. Alternativ wird vorgeschlagen, entsprechende problematische Fälle, in denen keine geeigneten Leitbilder vorhanden sind, durch eine Regelung zu erfassen, nach der klauselmäßige Entgeltregelungen (im B2B-Bereich) nur auf ihre Transparenz und Verständlichkeit überprüft werden dürfen.

Zudem wird in der Diskussion von Einzelnen darauf hingewiesen, dass das aktuell geltende AGB-Recht durchaus in der Lage gewesen sei, neuartige Vertragstypen wie *Leasing* und *Factoring* zu bewältigen. Es sei darüber hinaus fraglich, ob der Gesetzgeber die von ihm geschaffenen Leitbilder durch Abschaffung des § 307 Abs. 2 Nr. 2 BGB völlig freigeben werde. Außerdem wird eingewandt, dass nach einer Modifikation möglicherweise zwei verschiedene Leitbilder gelten würden, das „gesetzliche Leitbild" im B2C-Bereich und einen „Leitbild des unternehmerischen Rechtsverkehrs" im B2B-Bereich. Darüber hinaus solle man sich auch im unternehmerischen Bereich nicht völlig vom gesetzlichen Leitbild lösen. Hierauf wird erwidert, dass dem gesetzlichen Leitbild bei der Bestimmung der „guten unternehmerischen Praxis", allerdings dort neben nationalen und internationalen Gepflogenheiten, eine tragende Rolle zukomme; allerdings sei es dann im unternehmerischen Bereich kein alleiniger Maßstab mehr für die AGB-Kontrolle. Dabei wird auch zu bedenken gegeben, dass ein nationales Verständnis der Vertragstypologie angesichts der zunehmenden Vereinheitlichung europäischer Regelungen und regulatorischer Vorgaben zu eng sei. Eine Anknüpfung an die gute unternehmerische Praxis anstelle einer bloßen Anknüpfung am gesetzlichen Leitbild ermögliche daher bei der Inhaltskontrolle eine stärkere Differenzierung nach Branchen und würde auf diese Weise – anders als die aktuelle, wenig differenzierte Rechtsprechung des BGH – zu wertungsgerechten Ergebnissen im unternehmerischen Rechtsverkehr führen. Letztlich müsse bei der Bestimmung der „guten unternehmerischen Praxis" – um ein Institut des öffentlichen Rechts aufzugreifen – im Wege praktischer Konkordanz ein Ausgleich zwischen der unternehmerischen Praxis und dem (bisherigen) gesetzlichen Leitbild gefunden werden.

IV. Abteilung 4: Konkreter weiterer Diskussionsvorschlag

Zu Beginn der Abteilung 4 wird ein weiterer Diskussionsvorschlag vorgestellt.

§ 310a (neu)

(1) *Auf eine Vereinbarung, die zum Nachteil der anderen Vertragspartei von den Vorschriften dieses Abschnitts abweicht, kann sich der Verwender vorbehaltlich der Fälle des Absatzes 2 nicht berufen.*

(2) *Der Verwender und die andere Vertragspartei können durch individuelle schriftliche Vertragsvereinbarung die Geltung einzelner oder sämtlicher Bestimmungen dieses Abschnitts für einen bestimmten zwischen den Parteien geschlossenen Vertrag ausschließen, wenn es sich bei der anderen Vertrags-*

> *partei um einen Unternehmer handelt, der im Zeitpunkt der Vereinbarung kein Kleinstunternehmen oder kleines und mittleres Unternehmen nach Artikel 2 Absatz 1 in Verbindung mit Absatz 2 und 3 der Empfehlung der Kommission 2003/361/EG vom 6. Mai 2003 betreffend die Definition der Kleinstunternehmen sowie der kleinen und mittleren Unternehmen ist. Es wird vermutet, dass die andere Vertragspartei im Zeitpunkt der Vereinbarung nach Satz 1 kein Kleinstunternehmen oder kleines und mittleres Unternehmen ist, wenn die Vereinbarung die Erklärung der anderen Vertragspartei enthält, dass diese mehr als 249 Mitarbeiter beschäftige oder ihr Jahresumsatz den Betrag von 50.000.000,00 Euro oder ihre Jahresbilanzsummer 43.000.000,00 Euro übersteige.*

Ergänzend wird insoweit klargestellt, dass dieser Vorschlag gleichsam als Minimallösung fungieren könnte. Denn bei einer Neuregelung der AGB-Kontrolle im B2B-Bereich müsse nicht nur die Sachgerechtigkeit eines konkreten Vorschlags, sondern auch die politische Durchsetzbarkeit der gefundenen Lösung in Blick genommen werden. Dies gelte umso mehr, als sich auch in der Wirtschaft Stimmen finden, die eine Reform der AGB-Kontrolle in diesem Bereich umfassend ablehnten. Vor diesem Hintergrund erscheine es sinnvoll, gleichsam als Minimallösung eine Formulierung vorzusehen, mit der jedenfalls Großunternehmen die judikative AGB-Kontrolle abbedingen können. Eine solche Minimallösung könne sodann erweitert oder mit weiteren Modifikationen kombiniert werden.

Im Folgenden wird anhand der vorstehenden Klausel darüber diskutiert, ob diese Regelung jedenfalls eine Verbesserung des *status quo* bedeuten würde. Insofern wird zunächst eingewandt, dass Abs. 1 der Regelung letztlich überflüssig sei, da dieser lediglich etwas regle, was richterrechtlich ohnehin bereits anerkannt sei (Minimalprinzip). Allerdings wird hiergegen wiederum angeführt, dass dies als Anknüpfungspunkt für Abs. 2 als Ausnahmeregelung der bislang in der Tat richterrechtliche Grundsatz, wonach die Regeln der AGB-Kontrolle zwingendes Recht sind, jedoch zunächst gesetzlich festgeschrieben werden müsse.

Auf Kritik stößt auch der Begriff in Abs. 2 der „individuellen schriftlichen Vertragsvereinbarung“. Zum einen wird darauf verwiesen, dass der Begriff der „selbstständigen Vereinbarung“, der in § 1029 Abs. 2 S. 1 ZPO verwendet wird, passender, weil präziser sei. Zudem sei das letztlich mit dieser Regelung formulierte Schriftformerfordernis nicht vereinbar mit einer modernen Entwicklung des Vertragsrechts in Bezug auf Digitalisierung und innovative Geschäftsmodelle. Zumindest müsse die Abrede für andere Formen geöffnet werden.

Positiv wird gewertet, dass die Regelung immerhin zwei zentrale Anforderungen an eine Reform der AGB-Kontrolle im B2B-Bereich aufgreife. Zum einen eröffne sie großen Unternehmen die Möglichkeit, die AGB-Kontrolle abzubedingen. Zum zweiten schütze sie kleine und mittlere Unternehmen. Letzteres sei auch als Ziel im Koalitionsvertrag enthalten. Insbesondere schütze der Regelungsvorschlag KMU als Verwendungsgegner von Großunternehmen, wohingegen umgekehrt KMU die Möglichkeit aber offenstehe, ihrerseits als Verwender die AGB-Kontrolle gegenüber Großunternehmen abzubedingen. Mit anderen Worten erfasse die Klausel das Großunternehmen als Verwendungsgegner. In diesem Fall könne die AGB-Kontrolle abbedungen werden. Klauselverwender könne insoweit ebenfalls ein Großunternehmen, ein KMU oder auch ein Kleinstunternehmen sein. Damit werde immerhin eine (wenn auch begrenzte) Freistellung von der AGB-Kontrolle im unternehmerischen Bereich erreicht.

Von anderer Seite wird jedoch eingewandt, dass die vorgestellte Ausnahmeregelung, die lediglich Großunternehmen als Verwendungsgegner erfasse, aus diesem Grund deutlich zu eng sei. Beispielsweise seien M&A-Verträge weiterhin im Anwendungsbereich der AGB-Kontrolle, wenn und soweit nicht der Verwendungsgegner ein Großunternehmen ist. Außerdem würden Konzernstrukturen nicht hinreichend berücksichtigt. So gäbe es etwa Konstellationen, in denen die erforderliche Größenordnung zwar nicht durch das konkrete Unternehmen (etwa eine Tochtergesellschaft) erreicht werde, jedoch durch den Konzern insgesamt, in den dieses Unternehmen eingegliedert ist. Weiterhin wird eingewandt, dass die Vermutungsregelung in Abs. 2 Satz 2 typischerweise Unternehmen bestimmter Branchen (z.B. personalintensive Dienstleistungen) erfasse. Deshalb sei eine Kombination mit Bilanz- und Umsatzzahlen treffender, um Großunternehmen zu identifizieren.

Von mehreren Stimmen wird festgehalten, dass die vorgeschlagene Minimallösung zwar inhaltlich ein Fortschritt sei, allerdings gehe diese nicht weit genug und entspreche nicht den von der Wirtschaft gewünschten Veränderungen. Deshalb wird infrage gestellt, ob diese Minimallösung geeignet sei, die deutsche Rechtsordnung international wettbewerbsfähiger zu machen, immerhin das erklärte Ziel einer Reform des AGB-Rechts. Darüber hinaus berge diese Minimallösung die Gefahr eines politischen Sättigungseffekts ohne hinreichend effektive Neuerungen im Bereich der AGB-Kontrolle.

V. Abteilung 5: Sonstiges

Die Diskussion wurde sodann auf die Frage der **Schutzbedürftigkeit** als weiteren Anknüpfungspunkt zur Durchführung der AGB-Kontrolle gelenkt. Diese erfordere indes eine Einzelfallbetrachtung, welche bei der Feststellung etwa der Verbrauchereigenschaft (B2C-Bereich) gerade nicht stattfinde (typisierende Betrachtung). Taugliche Merkmale der Eingrenzung entlang der Schutzbedürftigkeit seien mithin die Marktmacht und die gute unternehmerische Praxis, welche beim Maßstab der Inhaltskontrolle zu berücksichtigen seien.

Zum Schluss der Veranstaltung wurde noch die die Frage der Aufrechterhaltung des **Verbots der geltungserhaltenden Reduktion** adressiert. Zwar sei das Verbot derzeit im geltenden Recht manifestiert, werde aber nach Ansicht einiger Teilnehmer regelmäßig durch eine ergänzende Vertragsauslegung (§ 157 BGB) der Gerichte umgangen. Mithin sei das Verbot auch derzeit lediglich relativ und führe dadurch zu unvorhersehbaren Ergebnissen. Verbreitete Zustimmung fand insoweit der Vorschlag, das Verbot auch für den B2B-Bereich beizubehalten, außer in jenen Fällen, in denen eine Kraftloserklärung der Klausel für den Verwender nicht vorhersehbar sei.

§ 4 Die Reform der AGB-Kontrolle im unternehmerischen Geschäftsverkehr

Die nachfolgenden Ausführungen verstehen sich nicht als Fazit der Diskussion oder des Workshops, sondern als eigenständiger Beitrag zur Diskussion der AGB-Reform im unternehmerischen Geschäftsverkehr. In diese fließen freilich jene Erkenntnisse ein, die bei der Vorbereitung des vorstehend protokollierten Workshops sowie in dessen Verlauf gewonnen wurden.

I. Die drei Regelungsaufgaben bei einer Reform des AGB-Rechts für den unternehmerischen Rechtsverkehr

Die Diskussion der Reformen der AGB-Kontrolle im unternehmerischen Geschäftsverkehr hat hinreichend deutlich gezeigt, dass es sich nicht um eine punktuelle Regelungsfrage handelt, sondern dass eine sachgerechte und wertungsadäquate Modifikation der AGB-Kontrolle im unternehmerischen Geschäftsverkehr eine Korrektur durch den Gesetzgeber an drei zentralen Schaltstellen erfordert. Dies trägt dem Umstand Rechnung, dass die Reform ***verschiedene*** **Regelungsaufgaben** bewältigen muss, die nicht in einer einzelnen, punktuellen Neuregelung erfasst werden können. Zu diesen Regelungsaufgaben zählt, dass von Unternehmen ab einer bestimmten Größe berechtigterweise erwartet werden kann, dass diese als Verwendungsgegner gleichwohl in der Lage sind, ihre Interessen angemessen im Rahmen der Vertragsverhandlungen zu verfolgen, ohne des Schutzes des AGB-Rechts zu bedürfen (**1. Regelungsaufgabe: Partielle Freistellung von Unternehmen von der AGB-Kontrolle**). Darüber hinaus muss zum Zweiten Unternehmen unabhängig von ihrer Unternehmensgröße die Möglichkeit gegeben werden, Verträge außerhalb der AGB-Kontrolle im Sinne einer Individualabrede abzuschließen, bei der der Zweck der AGB-Kontrolle nicht einschlägig ist. Insofern hat eine Reform des AGB-Rechts eine wertungsadäquate Klausel bereitzustellen, die jene Umstände identifiziert, in denen hinreichend sichergestellt ist, dass der Vertrag nicht auf einer einseitigen Inanspruchnahme der Vertragsgestaltungsfreiheit durch eine Partei beruht, sondern inhaltlich vom Willen beider Parteien tatsächlich getragen wird (**2. Regelungsaufgabe: Markttaugliche Anforderun-**

gen an eine Individualabrede im unternehmerischen Rechtsverkehr). Schließlich ist zum Dritten der Maßstab der AGB-Kontrolle im unternehmerischen Bereich angemessen zu modifizieren, sofern diese AGB-Kontrolle eröffnet ist, weil weder die Ausnahme für bestimmte Unternehmensgrößen greift noch eine Individualabrede der Parteien vorliegt. Insofern geht es um eine Korrektur des nicht zuletzt vor dem Hintergrund moderner Vertragsformen und innovativer Geschäftsmodelle bislang deutlich zu engen bzw. jedenfalls judikativ zu eng verstandenen Bezugs auf die „im Handelsverkehr geltenden Gewohnheiten und Gebräuche" in § 310 Abs. 1 S. 2 HS 2 BGB (**3. Regelungsaufgabe: Adäquate Modifikation des Maßstabs der Inhaltskontrolle im unternehmerischen Bereich**).

Ausgehend von diesen identifizierten Regelungsaufgaben muss eine Reform des AGB-Rechts im unternehmerischen Bereich eine **sachgerechte Beschränkung der AGB-Kontrolle** vorsehen, mithin bestimmte Unternehmen von der AGB-Kontrolle bei ihren Rechtsgeschäften grundsätzlich freistellen. Insoweit ist zu entscheiden, ob eine solche Freistellung nur Großunternehmen erfasst oder z.B. auch Unternehmen mittlerer Größe. Darüber hinaus hat der Gesetzgeber zu entscheiden, welche Kriterien für diese Freistellung ausschlaggebend sind (Umsatz, Mitarbeiterzahlen etc.) und ob das objektive Vorliegen dieser Kriterien ausreicht oder ob es zur Freistellung von der AGB-Kontrolle besonderer formaler Voraussetzungen bedarf, z.B. einer formbedürftigen Erklärung oder einer entsprechenden Vereinbarung mit dem Klauselverwender (dazu unter II.). Auf diese Weise wird der ersten Regelungsaufgabe Rechnung getragen und werden als Folge einer sachgerechten Reform des AGB-Rechts bestimmte Unternehmen als Verwendungsgegner von der Klauselkontrolle vollständig freigestellt bzw. wird diesen Unternehmen ermöglicht, die AGB-Kontrolle umfassend abzubedingen.

Zum zweiten muss Unternehmen im verbliebenen Anwendungsbereich der AGB-Kontrolle ermöglicht werden, über eine **Individualabrede mit sachgerechten, markttauglichen Voraussetzungen** die AGB-Kontrolle im konkreten Einzelfall mit Blick auf das gesamte Rechtsgeschäft zu vermeiden (dazu unten III.). Insofern hat der Gesetzgeber zu entscheiden, welche Voraussetzungen hinreichend sicher gewährleisten, dass bei ihrem Vorliegen der Zweck der AGB-Kontrolle, die einseitige Inanspruchnahme der Vertragsgestaltungsfreiheit, im unternehmerischen Rechtsverkehr nicht einschlägig ist.

Zum dritten ist der **Maßstab der Inhaltskontrolle im unternehmerischen Geschäftsverkehr** zu modifizieren (dazu unten IV.). Diese Modifikation entfaltet ihre Wirkung in jenen Konstellationen, in denen die AGB-

Kontrolle im unternehmerischen Geschäftsverkehr anwendbar bleibt, mithin weder die Bereichsausnahme für bestimmte Unternehmensgrößen einschlägig ist noch von den Parteien eine Individualabrede bei dem konkreten Rechtsgeschäft getroffen wurde. Als Regelungsaufgabe ist dem Gesetzgeber hier gestellt, das Leerlaufen des bisherigen Verweises auf Gewohnheiten und Gebräuche des Handelsverkehrs zu korrigieren, um einen angemessenen Maßstab der Inhaltskontrolle im unternehmerischen Bereich bereitzustellen. Hierbei handelt es sich um eine eigenständige Regelungsaufgabe, die von den übrigen beiden Regelungsaufgaben nicht erfasst wird, wie das Beispiel standardisierter Verträge zwischen Kleinunternehmen/Kleinstunternehmen zeigt, wenn bei diesen mangels Individualabrede im konkreten Einzelfall die AGB-Kontrolle einschlägig bleibt. Denn auch in diesen Konstellationen ist die unternehmerische Praxis angemessen bei der AGB-Kontrolle zu berücksichtigen. Dies gilt umso mehr, wenn Unternehmen dieser Größe innovative Geschäftsmodelle nicht zuletzt im Rahmen der Digitalisierung des Wirtschaftens verfolgen.

II. Die Beschränkung der AGB-Kontrolle im unternehmerischen Geschäftsverkehr

1. Die Ausnahme für Großunternehmen als Verwendungsgegner

Mit Blick auf die sachgerechte Beschränkung der AGB-Kontrolle am Maßstab der §§ 307 ff. BGB im unternehmerischen Rechtsverkehr sind richtigerweise Großunternehmen von dieser Kontrolle umfassend freizustellen. Jedenfalls bei diesen Unternehmen ist typisiert zu unterstellen, dass diese als Verwendungsgegner in der Lage sind, einer einseitigen Inanspruchnahme der Vertragsgestaltungsfreiheit durch die Gegenseite entgegenzutreten und ihre Vertragsinteressen angemessen wahrzunehmen, ohne der judikativen AGB-Kontrolle am Maßstab der §§ 307 ff. BGB zu bedürfen.

Mit dieser „Freistellung von Großunternehmen von der AGB-Kontrolle" sind richtigerweise alle Konstellationen erfasst, in denen das Großunternehmen – begrenzt auf den unternehmerischen Rechtsverkehr[153] – Verwendungsgegner ist. Klauselverwender kann demnach ein anderes Groß-

153 Ob die Freistellung auch dann gilt, wenn ein Verbraucher im Sinne von § 13 BGB Klauselverwender und das Großunternehmen Verwendungsgegner ist, ist eine hier nicht näher zu thematisieren Fragestellung. Dieser wird nur sehr begrenzte praktische Bedeutung zukommen.

unternehmen, ein Unternehmen mittlerer Größe oder auch ein Kleinunternehmen/Kleinstunternehmen sein. In allen diesen Konstellationen ist richtigerweise die genannte Freistellung von Großunternehmen von der AGB-Kontrolle einschlägig. Freilich sind Konstellationen denkbar, in denen das Großunternehmen auf die Zulieferung oder Dienstleistung eines Unternehmens mittlerer Größe oder auch eines Kleinunternehmens (z.B. bei innovativen Softwareprodukten) dringend angewiesen ist, sodass der Klauselverwender in diesen Konstellationen durchaus eine marktstarke Stellung gegenüber dem Großunternehmen innehat und die Klauselinhalte bestimmen kann. Insofern dürfte es sich allerdings bei weitem nicht um den Regelfall des Kontrahierens von Unternehmen mittlerer Größe bzw. Kleinunternehmen mit Großunternehmen handeln, sodass eine typisierende Betrachtung, nach der das Großunternehmen die marktstarke Stellung innehat und sich deshalb als Verwendungsgegner selbst ausreichend vor der einseitigen Inanspruchnahme der Vertragsgestaltungsfreiheit durch den Klauselverwender auf der Marktgegenseite schützen kann, weiterhin gerechtfertigt ist. Hinzutritt, dass Großunternehmen einer etwaigen marktstarken Stellung des Klauselverwenders aufgrund ihrer regelmäßig grenzüberschreitenden Tätigkeit und der Vertrautheit auch mit ausländischen Märkten und den dortigen Anbietern der entsprechenden Dienstleistung bzw. des entsprechenden Produkts häufiger ausweichen können. Im Ergebnis wird hierdurch die Zahl jener Konstellationen, in denen das Großunternehmen in der Tat erheblich marktschwächer und der einseitigen Inanspruchnahme der Vertragsgestaltungsfreiheit durch die andere Seite „ausgeliefert" ist, weiter reduziert, sodass die resultierende Typisierungsunschärfe hinzunehmen ist. Darüber hinaus bleibt zu bedenken, dass die AGB-Kontrolle auch bei einer Einschlägigkeit der Tatbestandsausnahme für Großunternehmen weiterhin noch am Maßstab der § 138 BGB und § 242 BGB als Auffangnormen erfolgt, sodass sowohl Wuchertatbestände wie z.B. auch treuwidrige klauselmäßige Vertragsinhalte normativ erfasst bleiben.

2. Der Schutz von mittleren Unternehmen und Kleinunternehmen als Verwendungsgegner und seine Grenzen

a) Der Schutz von KMU als Verwendungsgegner

Legt man darüber hinaus die Intention des Koalitionsvertrags zugrunde, die auch im Schrifttum durchaus gebilligt wird, KMU angemessen vor einer einseitigen Inanspruchnahme der Vertragsgestaltungsfreiheit durch die Gegenseite zu schützen, so darf sich die grundsätzliche Freistellung von der AGB-Kontrolle am Maßstab der §§ 307 ff. BGB im unternehmerischen Bereich nicht auf KMU als Verwendungsgegner erstrecken. Mit anderen Worten sind KMU als Verwendungsgegner im Grundsatz weiterhin durch die AGB-Kontrolle zu schützen. Die Bereichsausnahme von der AGB-Kontrolle im unternehmerischen Bereich kann daher zunächst nur Großunternehmen als Verwendungsgegner, wie vorstehend aufgezeigt, erfassen. Aufgrund des intendierten Schutzes steht zugleich fest, dass KMU als Verwendungsgegner zumindest dann durch die AGB-Kontrolle zu schützen sind, wenn der Klauselverwender ein Großunternehmen ist.

b) Die Freistellung von der AGB-Kontrolle bei Verträgen von Unternehmen mittlerer Größe

Hiervon zu unterscheiden sind allerdings Konstellationen, in denen ein Unternehmen mittlerer Größe mit einem Unternehmen auf der gleichen Größenstufe kontrahiert, also mit einem weiteren Unternehmen mittlerer Größe. Denn wenn die Stufen der Unternehmensgröße (groß, mittel, klein) der Anknüpfungspunkt für die normative Typisierung im Hinblick auf Marktstärke und damit die Gefahr einer einseitigen Inanspruchnahme der Vertragsgestaltungsfreiheit durch die Verwendung der eigenen AGB ist, dann ist bei Konstellationen, in denen sowohl der Klauselverwender als auch der Verwendungsgegner ein Unternehmen mittlerer Größe sind, eine solche Typisierung nicht gerechtfertigt. Auch der vom Koalitionsvertrag intendierte spezifische Schutz von KMU ist dann nicht einschlägig, wenn ein Unternehmen mittlerer Größe „auf Augenhöhe" kontrahiert. Freilich wird auch in diesen Konstellationen bisweilen die eine oder andere Partei eine marktstärkere Stellung aufweisen bzw. eine Vertragsseite dringender auf den Vertragsabschluss angewiesen sein als die andere Partei mit der Folge, dass sich dieses größere Bedürfnis nach dem Vertragsabschluss ggf. auch in einer geringeren Interessenwahrung bei der Formulierung der Vertragsklauseln äußern kann. Allerdings ist eine Typisierung dahingehend, dass beim Kontrahieren von zwei Unternehmen der identischen mittleren Größenstufe stets die Gefahr einer einseitigen Inanspruchnahme der Vertragsgestaltungsfreiheit durch die Gegenseite in der Weise besteht, dass die andere Partei (Verwendungsgegner) dieser nicht hinreichend entgegentreten kann und daher des Schutzes durch die AGB-Kontrolle am Maßstab der §§ 307 ff. BGB bedarf, nicht gerechtfertigt. Unabhängig von der konkreten Abgrenzung zwischen Großunternehmen und Unternehmen mittlerer Größe (vgl. dazu unten) sind letztere doch mit Blick auf ihre Professionalität, ihren Zugriff auf eine Rechtsberatung sowie auf ihre Marktstellung in der Lage, einer etwaigen einseitigen Inanspruchnahme der Vertragsgestaltungsfreiheit durch die Gegenseite entgegenzutreten bzw. jene Konstellationen zu identifizieren, in denen es sinnvoll (effizient) ist, die eigenen Interessen in den Vertragsklauseln hinreichend abzusichern. Von Unternehmen dieser Größenstufe kann erwartet werden, dass sie die Interessenwahrnehmung selbst wahrnehmen, wenn sie mit Unternehmen gleicher Größenstufe kontrahieren. So sehr sie mit Blick auf den Zweck der AGB-Kontrolle beim Kontrahieren mit einem Großunternehmen typisiert schutzwürdig sind, so wenig besteht Anlass dafür, bei einem Kontrahieren auf gleicher Größenstufe die Kontrolle am Maßstab der §§ 307 ff. BGB beizubehalten. Auch in quantitativer Hinsicht ist zu berücksichtigen, dass die Vielzahl der Unternehmen in Deutschland den Unternehmen mittlerer Größenstufe zuzuordnen sind und in der Folge der Großteil unternehmerischen Kontrahierens zwischen diesen Unternehmen erfolgt. Eine hinreichend wirkkräftige Reform des AGB-Rechts sollte sich daher nicht nur auf die Freistellung von Großunternehmen von der AGB-Kontrolle am Maßstab der §§ 307 ff. BGB beschränken.

Hinzutritt ein gewichtiges, richtigerweise durchschlagendes Argument aus Art. 3 Abs. 1 GG. Denn es bestehen angesichts der vorstehend aufgezeigten typisierten Marktsituation mit Blick auf den Zweck der AGB-Kontrolle durchgreifende verfassungsrechtliche Bedenken, nur Großunternehmen als Verwendungsgegner beim Kontrahieren mit Großunternehmen und mit Unternehmen mittlerer Größenstufe von der AGB-Kontrolle freizustellen, hingegen das Kontrahieren zweier Unternehmen mittlerer Größe, bei dem ebenfalls typisiert keine hinreichend große Gefahr der einseitigen Inanspruchnahme der Vertragsgestaltungsfreiheit durch den Klauselverwender besteht, nicht freizustellen. Insofern würden wertungsmäßig gleiche Situationen ungleich behandelt; dies verstößt gegen Art. 3 Abs. 1 GG. Denn sofern ein Unternehmen mittlerer Größe mit einem weiteren Unternehmen dieser Größenstufe, das sich allerdings schon am oberen Rand der Kategorie dieser Unternehmen befindet, kontrahiert, wäre die AGB-Kontrolle nach §§ 307 ff. BGB umfassend einschlägig, während bei einem Überschreiten der maßgebenden Schwelle durch den Verwendungsgegner (dann Großunternehmen) die AGB-Kontrolle nicht mehr einschlägig ist. Die Kritik an dieser gravierend abweichenden Bewertung der beiden Konstellationen zielt nicht auf den Umstand, dass Schwellenwerte regelmäßig mit einer gewissen Unschärfe bei der Typisierung und Härte einer Grenzziehung verbunden sind, sondern darauf, dass sich mit beiden Konstellationen keine hinreichend gewichtigen Unterschiede in Bezug auf den Zweck der AGB-Kontrolle am Maßstab der §§ 307 ff. BGB ergeben. Eine abweichende Typisierung ist daher nicht gerechtfertigt und verstößt gegen das Gleichbehandlungsgebot des Art. 3 Abs. 1 GG. Mit anderen Worten ist das Unternehmen mittlerer Größe als Verwendungsgegner nur gegenüber einem Großunternehmen schutzwürdig und schutzbedürftig; beim Kontrahieren mit einem Unternehmen mittlerer Größe als Klauselverwender besteht keine entsprechende Schutzbedürftigkeit im Hinblick auf die AGB-Kontrolle.

c) Die „Abwärtsschranke" als wertungsadäquate Lösung der AGB-Kontrolle im unternehmerischen Bereich

Mit Blick auf Kleinunternehmen/Kleinstunternehmen ist Paralleles zu erwägen. Auch bei diesen Unternehmen könnte es nicht gerechtfertigt sein, die AGB-Kontrolle am Maßstab der §§ 307 ff. BGB aufrechtzuerhalten, wenn Klauselverwender und Verwendungsgegner jeweils ein Kleinunternehmen ist, mithin beide auf der gleichen Größenstufe stehen. Für diese Lösung lässt sich die Überlegung anführen, dass mit unternehmerischem Handeln eine größere Freiheit verbunden ist und die Selbstverantwortung als Kehrseite der Selbstbestimmung ebenfalls größer ist. Daher lässt sich mit guten Gründen vertreten, dass bei einem Kontrahieren von Kleinunternehmen auf gleicher Größenstufe ebenfalls typisiert keine hinreichend große Gefahr der einseitigen Inanspruchnahme der Vertragsgestaltungsfreiheit durch die Gegenseite besteht. Auch insofern treffen typisiert Unternehmen gleicher Marktstärke aufeinander. Dies schließt – wie bei Unternehmen mittlerer Größe – nicht aus, dass im konkreten Einzelfall der Bedarf nach der Vertragsleistung bei der einen oder anderen Partei größer ist und die eine oder andere Partei größere Zugeständnisse bei der Wahrung ihrer Interessen in der vertraglichen Abrede machen muss. Dies entspricht dem marktwirtschaftlichen Normalgeschehen auf dem Wettbewerbsmarkt und rechtfertigt als solches noch keine AGB-Kontrolle.

Folgt man diesem, so ließe sich die Freistellung von der AGB-Kontrolle am Maßstab der §§ 307 ff. BGB als (hier sog.) **„Abwärtsschranke"** in der Weise ausgestalten, dass diese AGB-Kontrolle im unternehmerischen Bereich dann *nicht* einschlägig ist, wenn der **Klauselverwender auf der gleichen oder auf einer niedrigeren Größenstufe** (Großunternehmen, Unternehmen mittlerer Größe, Kleinunternehmen) steht wie der Verwendungsgegner. Demnach wäre bei einer Verwendung von AGB durch ein *Kleinunternehmen* gegenüber Kleinunternehmen, Unternehmen mittlerer Größe oder Großunternehmen, bei einer Verwendung von AGB durch ein *Unternehmen mittlerer Größe* gegenüber einem Unternehmen mittlerer Größe oder einem Großunternehmen sowie bei der Verwendung von AGB durch ein *Großunternehmen* gegenüber einem Großunternehmen die AGB-Kontrolle nach §§ 307 ff. BGB nicht einschlägig. Für eine solche Lösung spricht neben der aufgezeigten Wertungsadäquanz auch die Praktikabilität, entfällt doch in vielen Konstellationen die Notwendigkeit, den Verwendungsgegner einer der Größenstufen konkret zuzuordnen. Darüber hinaus besteht eine große Praktikabilität und Rechtssicherheit in der Weise, dass auch in der Rechtspraxis – mit dem Vorbehalt der hinreichend präzisen Unterscheidung dieser Unternehmensgrößen[154] – vergleichsweise unschwer festgestellt werden kann, ob die AGB-Kontrolle mit Blick auf den konkreten Verwendungsgegner einschlägig ist oder nicht. Auch würde zahlenmäßig eine substantielle Anzahl von Rechtsgeschäften zwischen Unternehmen von der AGB-Kontrolle durch eine solche AGB-Reform freigestellt, sodass die Reform nicht nur ein „Feigenblatt" liefern würde, sondern, die Kritik an der AGB-Kontrolle im unternehmerischen Bereich aufgreifend, substantielle Bereiche unternehmerischen Handelns von dieser freistellen würde. Darüber hinaus werden Typisierungsunschärfen reduziert und jene Wertungswidersprüche vermieden, die vor dem Hintergrund des Art. 3 Abs. 1 GG substantielle Bedenken auslösen. Schließlich ist eine solche Abwärtsschranke auch regelungstechnisch vergleichsweise einfach zu bewältigen.

d) Die alternative abweichende Erfassung von Kleinunternehmen

Alternativ zur vorstehend begründeten umfassenden Abwärtsschranke kann erwogen werden, Kleinunternehmen aus dieser teilweise auszugliedern mit der Folge, dass die **Verwendung von AGB durch Kleinunternehmen gegenüber anderen Kleinunternehmen** weiterhin von der **AGB-Kontrolle** am Maßstab der §§ 307 ff. BGB umfasst wird. Abweichendes würde dann gelten, wenn ein Kleinunternehmen seine AGB gegenüber einem Unternehmen mittlerer Größe oder gegenüber einem Großunternehmen verwendet; in diesen Konstellationen würde die AGB-Kontrolle nicht anwendbar sein. Für die Fortschreibung der AGB-Kontrolle bei

---

154 Vgl. dazu unten § 4 II. 3.

Verträgen zwischen Kleinunternehmen lässt sich anführen, dass die Kategorie der Kleinunternehmen/Kleinstunternehmen vergleichsweise heterogen ist, folgt man der Definition, wonach Kleinstunternehmen bis 9 Beschäftigte und bis 2 Millionen € Umsatz/Jahr, hingegen Kleinunternehmen bis 49 Beschäftigte und bis 10 Millionen € Umsatz/Jahr aufweisen können.[155] Mit Blick auf die normativ zu erwartende Professionalität, die Möglichkeit die eigenen Interessen juristisch beraten zu wahren sowie die Fähigkeit, einer einseitigen Wahrnehmung der Vertragsgestaltungsfreiheit durch die andere Partei entgegenzutreten, kann mit guten Gründen vertreten werden, dass die Kategorie der Kleinunternehmen/Kleinstunternehmen insoweit (zu) heterogene Unternehmen umfasst.[156] Paradigmatisch ist insoweit das Zusammentreffen von einem Kleinstunternehmen mit nur einzelnen Beschäftigten und einem geringen Umsatz mit einem Kleinunternehmen mit über 40 Beschäftigten und einem hohen einstelligen Millionenumsatz. Insofern kann durchaus von einem typisierten Ungleichgewicht dahingehend ausgegangen werden, wonach es dem größeren Kleinunternehmen hier typisiert gelingen wird, die eigenen AGB und damit einseitig die Vertragsgestaltungsfreiheit durchzusetzen. Für eine Typisierung in Form der dargestellten Abwärtsschranke könnten daher mit Blick auf Kleinunternehmen/Kleinstunternehmen zu heterogene Konstellationen vor dem Hintergrund des Zwecks der AGB-Kontrolle zusammengefasst werden. Mit anderen Worten lässt sich vertreten, dass die Verwendung von AGB hier gerade nicht „auf Augenhöhe" erfolgt.[157] Der angemessene Schutz von Kleinunternehmen/Kleinstunternehmen erfordert dann, dass entsprechende Rechtsgeschäfte weiterhin der AGB-Kontrolle unterworfen bleiben.

Richtigerweise ist die alternative Erfassung von Rechtsgeschäften zwischen Kleinunternehmen/Kleinstunternehmen, d. h. ihre Herausnahme aus der Abwärtsschranke, der legislativen Einschätzungsprärogative über-

155 Vgl. dazu näher *Stöhr*, Kleine Unternehmen, 2019, S. 11 ff., 498 ff.; s.a. *Karatzenis*, Zur Anwendung der Generalklausel des § 9 AGB-Gesetz im Handelsverkehr, 1989, S. 36 ff.

156 Näher auch zur allgemeinen Schutzwürdigkeit kleiner Unternehmen *Stöhr*, Kleine Unternehmen, 2019, S. 35 ff., 98 ff.; allg. und mit rechtsvergleichenden Bezügen auch *Rinaldo* ERCL 2019, 227 ff.

157 Für eine prinzipielle Schutzwürdigkeit von kleinen Unternehmen *Stöhr*, Kleine Unternehmen, 2019, S. 98 f.; s.a. *Rinaldo* ERCL 2019, 227, 234 f.

antwortet.[158] Zwar sprechen nach der hier vertretenen Ansicht die besseren Gründe für eine umfassende Abwärtsschranke, die auch Kleinunternehmen/Kleinstunternehmen erfasst. Denn immerhin sind die kaufmännischen Regelungen schon dann einschlägig, wenn ein in kaufmännischer Weise eingerichteten Geschäftsbetrieb erforderlich ist, wobei das Gesetz dieses zudem vermutet (§ 1 Abs. 2 HGB). Mit den kaufmännischen Regelungen verbinden sich eine erhebliche Ausweitung der Privatautonomie und damit auch der Selbstverantwortung des Kaufmanns. Auch von Kleinunternehmen/Kleinstunternehmen kann daher die Wahrung der eigenen Interessen gegenüber dem Vertragspartner gleicher Unternehmensgröße erwartet werden. Allerdings ist die größere Heterogenität mit Blick auf den Zweck der AGB-Kontrolle bei dieser Größenstufe anzuerkennen, sodass die Herausnahme dieser Verträge aus der Abwärtsschranke nicht mit dem Verdikt des Verstoßes gegen Art. 3 Abs. 1 GG behaftet ist.[159]

3. Die Abgrenzung von Großunternehmen und KMU

Richtigerweise erfolgt die Abgrenzung zwischen Großunternehmen, Unternehmen mittlerer Größe sowie Kleinunternehmen/Kleinstunternehmen nach Maßgabe der **Empfehlung 2003/361/EG**[160], die seit dem 1. Januar 2005 gilt.[161] Hierfür spricht zum einen, dass diese Empfehlung den Begriff des Unternehmens definiert und Mitarbeiterzahlen sowie finanzielle Schwellenwerte zur Definition der Unternehmensklassen verwendet. Darüber hinaus sind für die Einordnung eines Unternehmens nicht die reinen Kennzahlen entscheidend, sondern nach der Empfehlung ist die Unternehmensstruktur ebenfalls zu berücksichtigen. KMU, die Teil einer größeren Unternehmensstruktur sind, können sich nach Ansicht der Kommission – anders als „echte“ KMU – auf eine stärkere wirtschaftliche Position

158 Vgl. zur Notwendigkeit einer Typisierung und Pauschalierung von Tatbeständen als sachliche Rechtfertigung von Ungleichbehandlungen nur BVerfG 84, 348, 359; 111, 136, 137; 113, 167, 236.

159 Ausf. zur Reichweite gesetzgeberischer Pflichten mit Blick auf kleine Unternehmen *Stöhr*, Kleine Unternehmen, 2019, S. 159 ff.; mit einem Vergleich mit dem italienischen Recht *Rinaldo* ERCL 2019, 227, 241 ff.

160 Empfehlung der Kommission vom 6.5.2003 betreffend die Definition der Kleinstunternehmen sowie der kleinen und mittleren Unternehmen, ABl. EU Nr. L 124, S. 36 v. 20.5.2003.

161 Vgl. dazu oben § 2 I. 4; so im Grundsatz auch *Stöhr*, Kleine Unternehmen, 2019, S. 504 f.

stützen und werden daher vom KMU-Begriff ausgenommen. Darüber hinaus finden sich in der Empfehlung Vorgaben zur Berechnung der Schwellenwerte der Mitarbeiterzahlen sowie des Umsatzes bzw. der Bilanzsumme.[162] Auch ist nach der Empfehlung zu berücksichtigen, ob es sich um ein eigenständiges Unternehmen, um Partnerunternehmen oder um verbundene Unternehmen handelt.[163]

Die Empfehlung unterscheidet im Grundsatz als **Größenklassen** „Kleinstunternehmen" sowie „kleine und mittlere Unternehmen (KMU)". Grundlegend sind hierfür die folgenden Kenndaten des EU-Rahmens:

Unternehmenskategorie	**Zahl der Mitarbeiter**	**Umsatz oder**	**Bilanzsumme**
mittelgroß	unter 250	Max. 50 Mio. €	Max. 43 Mio. €
klein	unter 50	Max. 10 Mio. €	Max. 10 Mio. €
kleinst	unter 10	Max. 2 Mio. €	Max. 2 Mio. €

Die Anknüpfung der gesetzlichen Regelung an diese unionsrechtliche Empfehlung hat den Vorzug der „internationalen Anschlussfähigkeit". Denn der Unionsgesetzgeber selbst knüpft mittlerweile eine Vielzahl von Maßnahmen an die Definition der KMU an[164] und hat die Förderung von KMU zu einem Schwerpunktregelungsziel der EU erhoben. Auch im deutschen Recht gewinnt diese Unterscheidung von Unternehmensklassen kontinuierlich an Bedeutung. Darüber hinaus weist diese Unterscheidung eine hinreichende Kontinuität auf, entspringt die Empfehlung in ihrer aktuellen Fassung doch dem Jahr 2003. Freilich verbindet sich mit dieser Klassifizierung, wie mit allen Klassifizierungen, die Problematik der Abgrenzung im Einzelfall. Dies ist allerdings keine Besonderheit der EU-Empfehlung und der in ihr vorgesehenen Unternehmensklassen, sondern mit allen Grenzziehungen verbunden, die an der Mitarbeiterzahl und/oder an Geschäftszahlen wie Umsatz oder Bilanzsumme eines Unternehmens anknüpfen.

162 Vgl. Art. 4–6 Anh. zur Empfehlung 2003/361/EG (Fn. 104).
163 Vgl. Art. 3 Anh. zur Empfehlung 2003/361/EG (Fn. 104).
164 Vgl. Art. 8 Anh. zur Empfehlung 2003/361/EG (Fn. 104), wonach alle Vorschriften oder Programme der EU, die geändert oder verabschiedet werden und in denen die in der Empfehlung verwendeten Begriffe vorkommen, sich auf die in der Empfehlung enthaltenen Definitionen beziehen sollen.

Als **maßgebender Zeitpunkt** für die Bestimmung der Unternehmensklasse ist entsprechend allgemeiner Grundsätze[165] der Zeitpunkt der Vornahme des Rechtsgeschäfts zu werten.

III. Die wertungsadäquate Regelung der Voraussetzungen der Individualabrede

1. Die Bedeutung einer legislativen Präzisierung der Voraussetzungen der Individualabrede

Die Bedeutung der legislativen (abweichenden) Präzisierung der Voraussetzungen einer Individualabrede im unternehmerischen Bereich liegt zum einen **außerhalb des Bereichs der Freistellung** von der AGB-Kontrolle. Sofern diese Freistellung z.B. auf Großunternehmen begrenzt bleibt, wird den übrigen Unternehmen immerhin die Möglichkeit einer Individualabrede und damit der aktiven Abbedingungen der AGB-Kontrolle zumindest auf diesem Weg ermöglicht. Insoweit darf auch die „Außenwirkung“ einer solchen Möglichkeit nicht unterschätzt werden, wenn der internationalen Rechtspraxis kommuniziert werden kann, dass Unternehmen im deutschen Recht die AGB-Kontrolle nach präzisen gesetzlichen Vorgaben abbedingen können. Hinzu tritt, – dies darf nicht übersehen werden – dass eine adäquate Regelung der Voraussetzungen der Individualabrede die mit einem Ausnahmebereich von der AGB-Kontrolle für bestimmte Unternehmen (z.B. Großunternehmen) verbundenen **Abgrenzungsprobleme ganz erheblich abschwächen** kann. Denn bei Vorliegen der Voraussetzungen einer solchen Individualabrede kann das Vorliegen der Voraussetzungen für die allgemeine Freistellung von der AGB-Kontrolle dahinstehen. Dies ist insbesondere bei Unternehmen von Bedeutung, wenn die vorstehend präferierte Abwärtsschranke nicht kodifiziert wird, sondern weitere (engere) Grenzen gezogen werden. Dann werden die Konstellationen vervielfacht, in denen die maßgeblichen Kennzahlen hinsichtlich der Arbeitnehmerzahl, des Umsatzes oder der Bilanzsumme nahe der maßgeblichen Grenze liegen. Gleichwohl kann eine genaue Bestimmung im Streitfall dann dahinstehen, wenn die Voraussetzungen einer Individualabrede vorliegen. Adäquate Voraussetzungen für das Vorliegen einer Individualabrede können mithin die mit jeder Grenzziehung, also auch mit der allgemeinen Bereichsausnahme für die AGB-Kontrolle bei unterneh-

165 MünchKomm/*Armbrüster*, 8. Aufl. 2018, § 138 Rn. 133..

merischem Handeln, verbundene Unsicherheit begrenzen, z.B. hinsichtlich des maßgeblichen Zeitpunktes des konkreten Vertragsschlusses bei einer sukzessiven Festlegung des Vertragsinhalts durch die Parteien oder bei Rahmenverträgen.

Darüber hinaus sind mit Blick auf die **Ermöglichungsfunktion des Privatrechts**[166] wertungsadäquate Tatbestandsvoraussetzungen einer Individualabrede im unternehmerischen Bereich zu fordern, die auch von den Parteien erreicht werden können und dieses privatrechtliche Institut – anders als bislang – nicht leerlaufen lassen. Auch mit Blick auf **Art. 12 Abs. 1 GG** dürfen die tatbestandlichen Anforderungen an das Vorliegen einer Individualabrede richtigerweise nicht so ausgestaltet sein, dass dem Unternehmer kein hinreichender Raum für individuelle Vereinbarungen bleibt.[167] Dies gilt umso mehr, als das Gutachten von *Leuschner*[168] ganz erhebliche Fehleinschätzungen in der Praxis in Bezug auf die AGB-rechtlichen Rahmenbedingungen gezeigt hat. So sollen 37,2 % der Mitarbeiter von einfachen Großunternehmen und immerhin noch 11,5 % der Mitarbeiter von großen Großunternehmen fälschlich davon ausgehen, dass man die Qualifikation der klauselmäßigen Vertragsbedingungen als Individualvereinbarung schon dadurch erreichen kann, dass die Vertragsparteien diese Eigenschaft schriftlich vereinbaren (S. 8). Vor diesem Hintergrund ist die damalige Anzahl zu sehen, dass „nur" 43,6 % der Aussage nicht zustimmen, dass das geltende Recht im unternehmerischen Rechtsverkehr ausreichende Möglichkeiten biete, die Haftung vertraglich zu beschränken. Angesichts der Fehleinschätzungen der Praxis über die AGB-rechtlichen Rahmenbedingungen kommt diesem nur eine geringe Aussagekraft zu. Insofern würden geeignete Voraussetzungen der Individualabrede dem verbreiteten Fehlverständnis in der Praxis entgegenwirken und den unternehmerisch Handelnden die Freiheit gewähren, von der sie ausgehen.

Zu berücksichtigen ist schließlich der Hinweis von Seiten der Richterschaft, dass der BGH bei der Frage des „Aushandelns" von äußerlich unveränderten Klauseln alle Umstände des Einzelfalls berücksichtige, v.a. die in-

166 So das Wertungskürzel für die nicht nur freiheitsbewahrende, sondern auch Freiheitsausübung ermöglichende Funktion des Privatrechts, indem dieses die adäquaten Instrumente zur wirtschaftlichen Betätigung bereitstellt vgl. dazu u.a. *v. Wilmowsky* JZ 1996, 590, 591 ff.; *K. Schilling*, Binnenmarktkollisionsrecht, 2011, S. 232 f.; *Windbichler* AcP 198 (1998), 261, 271; *G. Wagner*, in: Blaurock/G. Hager (Hrsg.), Obligationenrecht im 21. Jahrhundert, 2010, S. 13, 14.

167 So auch BVerfG NJW 2005, 1036, 1038 (zu von der GOZ abweichenden Honorarvereinbarungen).

168 Vgl. *Leuschner* (Fn. 91), S. 8 f.

tellektuellen Fähigkeiten und die berufliche Position der Verhandlungspartner sowie das Bestehen oder gar Fehlen eines wirtschaftlichen Machtgefälles.[169] Mit Blick auf die Rechtsprechung wird zudem betont, dass in den entschiedenen Fällen der entsprechende Beweis nicht gelungen sei oder ein entsprechender schlüssiger Vortrag fehlte.[170] Angesichts der insoweit gefestigten, überaus restriktiven Rechtsprechung ist bei einer Modifikation der AGB-Kontrolle durch den Gesetzgeber bei den Gegenständen der Modifikation auf eine **hinreichend deutliche Formulierung** im Normtext bzw. den Gesetzesmaterialien zu achten, um eine Fortschreibung der bisherigen restriktiven Rechtsprechung trotz modifizierter Terminologie des Gesetzes zu verhindern. Dies gilt umso mehr, als sich die Rechtsprechung nach ihrem Selbstverständnis wohl nicht als restriktiv versteht. Auch insofern bietet sich die **Regelbeispieltechnik** an, d. h. der Gesetzgeber kann und sollte im Normtext oder zumindest in den Materialien zu einer Reform des AGB-Rechts im unternehmerischen Geschäftsverkehr Regelbeispiele anführen, anhand derer das Vorliegen einer Individualabrede zu bestimmen ist. Hierdurch können den Rechtsunterworfenen und den Instanzgerichten die für die Abwägung maßgeblichen Kriterien aufgezeigt werden, sodass das Tatsachengericht sich an ihnen orientieren und die Parteien im Prozess entsprechend vortragen können.

2. Die Anforderungen an die Konkretisierung der Individualabrede im unternehmerischen Bereich

Mit Blick auf die Formulierung markttauglicher Voraussetzungen zur Identifikation einer freien, selbstbestimmten Entscheidung des Verwendungsgegners, dem Inhalt der AGB zuzustimmen, ist weniger die **konkrete Bezeichnung** als die legislative Identifikation jener Umstände von Bedeutung, bei denen von einer solchen Entscheidung regelmäßig auszugehen ist. Demnach kann die Individualabrede an einer „selbstbestimmten unternehmerischen Entscheidung", „freien unternehmerischen Entscheidung" oder auch an einer „Zustimmung des Unternehmers in freier Selbstbestimmung" oder einem ähnlichen Terminus anknüpfen. Sinnvoll erscheint insofern, einen Begriff zu wählen, der noch nicht anderweitig belegt ist. Dies trifft auf die vorstehend genannten Beispiele zu. Um eine hin-

169 Vgl. *Herrmann/Lasch* DRiZ 2018, 218, 219, unter Hinweis auf BGHZ 206, 305 Rn. 23 sowie BGH NJW 1977, 624, 626.
170 *Herrmann/Lasch* DRiZ 2018, 218, 219.

reichend deutliche Abgrenzung von der restriktiven bisherigen Rechtsprechung zu erreichen, sollte das Aushandeln bzw. das Verhandeln allenfalls in den Regelbeispielen in Bezug genommen werden. Hierdurch wird zugleich deutlich, dass das nach der bisherigen Rechtsprechung maßgebliche Aushandeln nicht nur durch ein Verhandeln ersetzt werden soll, sondern dass es entscheidend auf das abstrakt-generelle Kriterium ankommt.

Mit einer solchen Terminologie wäre zugleich sichergestellt, dass die neuen Anforderungen an das Vorliegen einer Individualabrede **auf den unternehmerischen Bereich beschränkt** bleiben. Hierdurch wird zum einen dem Regelungsauftrag im Koalitionsvertrag Rechnung getragen, wonach der Schutz des Verbrauchers nicht reduziert werden soll. Zum anderen sind die richtigerweise vorzusehenden Regelbeispiele zur Konkretisierung des abstrakt-generellen Begriffs, bei dem eine Individualabrede vorliegt, auf den unternehmerischen Bereich beschränkt. Kriterien wie die Marktstellung oder auch die Größe der Vertragsparteien, der Austausch von Vertragsentwürfen sowie eine anwaltliche Vertretung oder Beratung sind spezifische Umstände, die im unternehmerischen Verkehr eine hinreichende Befassung mit dem Vertragsinhalt gewährleisten und ausschließen, dass eine einseitige Inanspruchnahme der Vertragsgestaltungsfreiheit vorliegt. Mit Blick auf einen Verbraucher als Verwendungsgegner können nicht ohne weiteres identische Kriterien herangezogen werden.

Wie bereits vorstehend erwähnt ist eine **Konkretisierung des abstrakt-generellen Begriffs durch Regelbeispiele** sinnvoll und geboten. Dabei muss sichergestellt werden, dass diese nicht abschließend sind, sondern der abstrakt-generelle Maßstab entscheidend ist und dessen Vorliegen auch auf andere Umstände im konkreten Einzelfall gestützt werden kann („insbesondere“). Ob die Regelbeispiele konkretisierend in das Gesetz aufgenommen werden oder vom Gesetzgeber nur in den Gesetzesmaterialien erwähnt werden, ist der Einschätzungsprärogative des Gesetzgebers überantwortet. Für eine Aufnahme in das Gesetz streitet freilich, dass hierdurch für die Rechtsunterworfenen der neue, im unternehmerischen Bereich abweichende Maßstab zur Bestimmung der Individualabrede deutlich wird und auch die Judikative auf die vom Gesetzgeber identifizierten Regelbeispiele ohne Rückgriff auf die Gesetzesmaterialien oder deren Wiedergabe in Kommentierungen zugreifen kann. Mithin spricht auch die größere Visibilität, mit der sicherlich eine gesteigerte Rechtssicherheit einhergeht, für eine Aufnahme in den Normtext. Dem Gegenargument, wonach der Normtext, soweit als möglich, „schlank“ zu halten ist, kommt ohnehin angesichts der ausufernden Länge moderner, vielfach auf unionsrechtliche

Vorgaben gestützter Normen nur noch geringeres Gewicht zu. Darüber hinaus kann der Gesetzgeber die Liste der Regelbeispiele adäquat begrenzen.

Umgekehrt ist die Frage zu beantworten, ob der Gesetzgeber jenen abstrakt-generellen Begriff, der die Individualabrede kennzeichnet (z.B. „selbstbestimmte unternehmerische Entscheidung"), mit einer **Legaldefinition** versehen soll. Freilich kann für eine solche angeführt werden, dass der Gesetzgeber auf diese Weise das maßgebliche materielle Kriterium noch weiter abstrakt-generell auf mittlerer Abstraktionshöhe konkretisieren kann. Vorzugswürdig ist allerdings insofern eine Umschreibung dieses abstrakt-generellen Begriffs in den Gesetzesmaterialien und die Überantwortung der Formulierung einer Definition an die Judikative und das Schrifttum. Der Gesetzgeber kann durch die Umschreibung in den Gesetzesmaterialien und die von ihm identifizierten Regelbeispiele das Kriterium hinreichend deutlich präzisieren, um die materiellen Anforderungen an eine entsprechende Individualabrede festzulegen.

Schließlich sollte sich die Individualabrede **auf den gesamten Vertrag** erstrecken. In der bisherigen Diskussion, auch im Schrifttum, wurde hinreichend deutlich, dass die judikative Fokussierung der einzelnen Vertragsklauseln bei der Frage nach einer Individualabrede der Praxis jedenfalls im unternehmerischen Bereich nicht gerecht wird. Insofern überwiegen Gesamtlösungen, Kompensationsgeschäfte bzw. die für die jeweilige Partei relevanten Klauseln werden von ihr in Blick genommen. Auch kann von dem unternehmerischen Verwendungsgegner im Fall des Vorliegens der Anforderungen an die Individualabrede (z.B. anwaltliche Beratung, Vertragswert und Vertragsgegenstand, Dauer der Verhandlungen) richtigerweise erwartet werden, den gesamten Vertrag in Blick zu nehmen und für ihn relevante Klauseln zu identifizieren. Beim Vorliegen der Umstände, an denen eine Individualabrede im unternehmerischen Bereich dann anknüpft, rechtfertigt es das Vertrauen des Klauselverwenders, dass der Verwendungsgegner mit den nicht beanstandeten Klauseln einverstanden ist, z.B. weil eine ausreichende Kompensation in anderen Bereichen erzielt wurde.

Schließlich muss eine adäquate Regelung der Individualabrede im unternehmerischen Bereich sowohl die (punktuelle) Änderung der AGB im Rahmen der Vertragsverhandlungen wie auch die unterlassene Änderung (auch des gesamten Vertrags) erfassen. Denn bei Verträgen mit geringerer Bedeutung, geringerem Risiko bei einer Vertragsverletzung sowie bei ausreichender Kompensation im Übrigen (z.B. Gegenleistung) kann auch der Verzicht auf jegliche Änderung des Vertrages eine hinreichend selbstbestimmte unternehmerische Entscheidung darstellen, auf die die Gegenseite berechtigterweise vertrauen darf.

3. Die freie unternehmerische Entscheidung und die Regelbeispiele

Die gesetzliche Regelung sollte daher an einer selbstbestimmten unternehmerischen Entscheidung bzw. einer freien unternehmerischen Entscheidung für den Vertragsinhalt anknüpfen und diese dem Aushandeln im Einzelnen im Sinne von § 305 Abs. 1 S. 3 gleichstellen: „Soweit der Vertrag auf einer **freien unternehmerischen Entscheidung** beruht, ...“. Das Abstellen auf den Vertragsinhalt in dieser Weise umfasst dabei sowohl die freie Zustimmung des Verwendungsgegners zu einzelnen Klauseln, zu mehreren Klauseln sowie das freie Absehen von einem Aushandeln im Einzelnen.

Dieser abstrakt generelle Maßstab ist durch **Regelbeispiele** zu konkretisieren: „Eine freie unternehmerische Entscheidung kann sich insbesondere ergeben aus ....“. Mit Blick auf die als Regelbeispiele aufzunehmenden Kriterien ist es sinnvoll und geboten, den **Wert des Rechtsgeschäfts und seine Bedeutung** (für den Verwendungsgegner), die **anwaltliche Beratung des Verwendungsgegners** in Bezug auf das Rechtsgeschäft, die **Marktstellung und Größe des Verwendungsgegners** sowie **Art und Dauer der Vertragsverhandlungen** aufzuführen.

Weitere legitime Kriterien zur Bestimmung der freien Entscheidung des Unternehmers für den Vertragsinhalt wie namentlich die Änderung einzelner Klauseln in Vertragsentwürfen, das wechselseitige Nachgeben der Parteien in den Vertragsverhandlungen einschließlich Kompensationsgeschäfte sowie der Austausch von (geänderten) Vertragsentwürfen werden richtigerweise unschwer von dem Kriterium der „Art und Dauer der Vertragsverhandlungen“ umfasst. Der Normtext kann daher von diesen weiteren Details entlastet werden.

IV. Die Modifikation des Maßstabs der Inhaltskontrolle

1. Die Notwendigkeit einer solchen Modifikation

Weitgehend Einigkeit dürfte darüber bestehen, dass die Modifikation der Inhaltskontrolle bei der Verwendung von AGB gegenüber einem Unternehmer nach § 310 Abs. 1 S. 2 HS 2, wonach auf die „im Handelsverkehr geltenden Gewohnheiten und Gebräuche" „angemessen Rücksicht zu nehmen" ist, in dem tendenziell restriktiven Verständnis der Rechtsprechung[171] den Bedürfnissen des unternehmerischen Verkehrs nicht (mehr) gerecht wird. Ob dies einem zu restriktiven Verständnis des Normtextes durch die Judikative oder dem Wandel des unternehmerischen Rechtsverkehrs, der durch eine erhebliche Segmentierung und den immer schnelleren Wandel zwar bereichsspezifische und grenzüberschreitende, bisweilen auch zeitlich begrenzte Usancen, seltenst aber Handelsbräuche im Sinne von § 346 HGB hervorbringt, geschuldet ist, ist vorrangig von rechtshistorischem Interesse.

Festzuhalten ist vor diesem Hintergrund aber, dass bereits die Begründung zum Entwurf eines AGB-Gesetzes darauf hingewiesen hat, dass die neuzeitlichen Entwicklungen von Herstellungs- und Vertriebsmethoden einen starken Einfluss auf den Umsatz von Waren und Leistungen und auf die hierbei verwendeten vertraglichen Bedingungen haben.[172] Zudem erfordert die Funktionsfähigkeit des unternehmerischen Wirtschaftens, dass die Parteien in AGB jene Vertragsgestaltungen vereinbaren können, die den technischen und wirtschaftlichen Bedingungen angemessen Rechnung tragen. Darüber hinaus muss dies für national übliche, aber auch international übliche Vertragsbedingungen gelten. Andernfalls droht das deutsche AGB-Recht das Wirtschaften zu erschweren und die dem AGB-Recht (weiterhin) unterworfenen Marktteilnehmer zu benachteiligen. Dies ist gerade mit Blick auf die hier vorgeschlagene dreistufige Reform des AGB-Rechts von Bedeutung, da nach dieser v.a. kleine und mittlere Unternehmen weiterhin von der AGB-Kontrolle erfasst werden. Die Modifikation der AGB-Kontrolle im unternehmerischen Geschäftsverkehr mit Blick auf die Modifikation des Maßstabs der Inhaltskontrolle muss daher eine zeitnahe Anknüpfung dieses Maßstabs an der unternehmerischen Praxis ermöglichen, um auf diese Weise (neue) unternehmerische Usancen und Üblichkeiten der Vereinbarungen im unternehmerischen Geschäftsverkehr bei der Inhaltskontrolle der AGB angemessen berücksichtigen zu können. Dabei muss die Berücksichtigung unabhängig davon möglich sein, ob die entsprechende Gepflogenheit regional, national oder international üblich ist bzw. ob es sich um eine Gepflogenheit begrenzt auf einen Teil einer Branche, eine gesamte Branche oder ganze Wirtschaftszweige handelt. Nur auf diese Weise ist eine angemessene Erfassung auch neuer Geschäftsmodelle, z.B. im Zuge der Digitalisierung, mit der AGB-Kontrol-

171 Vgl. dazu oben § 1 I. 2. c).
172 Vgl. Gesetzentwurf der Fraktion CDU/CSU BT-Drs. 7/3200, S. 1.

le möglich und der unternehmerische Wirtschaftsverkehr, der der deutschen AGB-Kontrolle unterliegt, international anschlussfähig. Freilich bleibt die Abgrenzung zwischen einer (branchen-) „üblichen" angemessenen Vertragsklausel und einer unangemessenen Benachteiligung der Vertragsgegenseite die zentrale Herausforderung der Inhaltskontrolle im unternehmerischen Geschäftsverkehr. Es sollte allerdings Einigkeit darüber bestehen, dass unter dem bislang geltenden Recht das Pendel zwischen den beiden Polen der weitreichenden Anerkennung üblicher Vertragsklauseln einerseits und andererseits einer restriktiven Berücksichtigung etwaiger Besonderheiten im unternehmerischen Geschäftsverkehr zu sehr zur zuletzt genannten Seite ausgeschlagen hat.

2. Der minimalinvasive Eingriff mit einem Ausschluss der Vermutungswirkung

Als nachgerade minimalinvasiver Eingriff zu einer Modifikation des Maßstabes der Inhaltskontrolle im unternehmerischen Geschäftsverkehr könnte ein Ausschluss der von der höchstrichterlichen Rechtsprechung formulierten Indizwirkung eines Verstoßes gegen die Vorgaben in § 308 Nr. 1, 2–8 und § 309 BGB im Rahmen der Prüfung von § 307 Abs. 1, 2 BGB qualifiziert werden. Ausgangspunkt bildet insoweit die aktuell geltende Regelung in § 310 Abs. 1 S. 1, 2 BGB, wonach § 308 Nr. 1, 2–8 und § 309 BGB keine Anwendung auf AGB finden, die gegenüber einem Unternehmer verwendet werden, allerdings § 307 Abs. 1 und 2 BGB „auch insoweit Anwendung" finden, „als dies zur Unwirksamkeit von in § 308 Nr. 1, 2–8 und § 309 genannten Vertragsbestimmungen führt". Unabhängig davon, ob berechtigterweise dieser Formulierung eine Indizwirkung des Verstoßes gegen die Regelungen der §§ 308, 309 BGB im Rahmen der Kontrolle nach § 307 Abs. 1, 2 BGB im unternehmerischen Geschäftsverkehr entnommen werden kann, so die höchstrichterliche Rechtsprechung, oder ob die Regelung nach Wortlaut und Sinn sowie Zweck nur klarstellt, dass entsprechende Klauseln einen Verstoß gegen § 307 Abs. 1, 2 BGB darstellen *können*, könnte der Gesetzgeber diese Indizwirkung ausdrücklich ausschließen. Hierzu könnte der Gesetzgeber den Maßstab für die Inhaltskontrolle von AGB-Klauseln im unternehmerischen Geschäftsverkehr dadurch modifizieren, dass er ausdrücklich diese von der Rechtsprechung entwickelte Indizwirkung/Vermutungswirkung eines Verstoßes gegen die §§ 308 Nr. 1, 2–8 und § 309 BGB für die Inhaltskontrolle am Maßstab von § 307 Abs. 1, 2 BGB im unternehmerischen Geschäftsverkehr im Normtext ausschließt.

Mit anderen Worten ist der Judikative dann die Aufgabe gestellt, einen solchen Verstoß gegen § 307 Abs. 1, 2 BGB stets positiv zu begründen, worunter auch die Aufgabe fällt, bei einem Verstoß gegen § 308 Nr. 1, 2–8 und § 309 BGB positiv zu begründen, warum dieser Verstoß im Rahmen von § 307 Abs. 1, 2 BGB im unternehmerischen Geschäftsverkehr ebenfalls als unangemessene Benachteiligung des Verwendungsgegners zu qualifizieren ist. Diese Verschiebung der Begründungslast ist stets zu berücksichtigen, wenn die unangemessene Benachteiligung des Verwendungsgegners auch in den Konstellationen der § 308 Nr. 1, 2–8, § 309 BGB positiv begründet wird. Die etwaigen unternehmerischen Gepflogenheiten müssen dabei im Rahmen der positiven Begründung der unangemessenen Benachteiligung umfassend berücksichtigt werden. Zwar ist eine solche Berücksichtigung auch bei der Beurteilung der Unangemessenheit der Benachteiligung unter Anwendung der Indizwirkung erforderlich. Doch müssen die Besonderheiten in diesem Fall die Indizwirkung widerlegen, sodass Zweifel daran, ob es sich um hinreichend ausgeprägte Besonderheiten des unternehmerischen Geschäftsverkehrs handelt oder etwaige Schwierigkeiten beim Nachweis entsprechender Besonderheiten regelmäßig dazu führen, dass es bei der angenommenen Indizwirkung verbleibt.

3. Die drei Regelungsgegenstände bei einer Modifikation des Maßstabs der Inhaltskontrolle

Sofern eine Neuregelung der Modifikation des Maßstabs der Inhaltskontrolle im unternehmerischen Geschäftsverkehr erfolgen soll, sind vier zentrale Regelungsfragen zu adressieren.

a) Die Konkretisierung des adäquaten Bezugspunktes

Zum einen ist der adäquate Bezugspunkt zu identifizieren. Die in § 310 Abs. 1 S. 2 BGB genannten „im Handelsverkehr geltenden Gewohnheiten und Gebräuche“ sollten hierbei durch eine Formulierung ersetzt werden, die nicht an jener des § 346 HGB anknüpft, mithin nicht entsprechend belegt ist. Der Bezugspunkt muss die Möglichkeit umfassen, dass die Besonderheit des unternehmerischen Geschäftsverkehrs nur regional, aber auch national oder international ausgeprägt ist. Darüber hinaus muss sie geeignet sein Klauselinhalte einzelner Branchen wie auch ganze Wirtschaftszweige zu erfassen. Schließlich sollte sie mit Blick auf die erforderliche

Verfestigung der Usancen in der Praxis keine zu hohen Anforderungen stellen (keine Handelsbräuche), um dem mittlerweile raschen Wandel im Wirtschaftsverkehr angemessen Rechnung tragen zu können. Freilich dürfen nicht alle üblichen Klauselinhalte umgehend über eine entsprechende Maßstabsverschiebung der Inhaltskontrolle entzogen werden, eine Verfestigung und Reichweite, die jener der aktuell noch von § 310 Abs. 1 BGB in Bezug genommenen Gewohnheiten und Gebräuche im Handelsverkehr im Sinne von § 346 HGB entspricht, lässt eine entsprechende Regelung unter den aktuellen Bedingungen des Wirtschaftens indes leerlaufen.

Unter Berücksichtigung dieser Anforderungen ist die Anknüpfung einer entsprechenden Verschiebung des Prüfungsmaßstabes an der **„unternehmerischen Praxis“** vorzugswürdig. Diese Formulierung ist hinreichend offen, um die genannten Konstellationen zu erfassen. Darüber hinaus ist der Begriff der unternehmerischen Praxis durch das Gesetz noch nicht belegt, sodass eine eigenständige Konkretisierung in Wissenschaft und Praxis erfolgen kann. Darüber hinaus ermöglicht der Begriff bei dieser Konkretisierung eine angemessene Weite der unternehmerischen Usancen zu definieren, da eine entsprechende unternehmerische Praxis schon terminologisch nicht an Einzelfällen, sondern an einer gewissen Üblichkeit und Verbreitung anknüpft. Zugleich ist eine solche Praxis nicht örtlich oder gegenständlich beschränkt, sondern kann von einer internationalen Praxis über eine nationale bis hin zu einer regionalen ebenso reichen wie eine branchenspezifische Praxis, eine Praxis in einzelnen Wirtschaftszweigen oder bei bestimmten Unternehmenstypen (z.B. die Praxis der Finanzierung von Startups). Auch neue Usancen lassen sich mit dem Terminus der unternehmerischen Praxis unschwer erfassen. Insofern haben Wissenschaft und Praxis im Rahmen der Konkretisierung des Begriffs zu bestimmen, welche Verfestigung entsprechende neue Gepflogenheiten aufweisen müssen, um als unternehmerische Praxis im Sinne der gesetzlichen Regelung qualifiziert zu werden.

Alternative Formulierungen, die an Gewohnheiten, Gebräuchen oder Gepflogenheiten anknüpfen sind zu nah an der bisherigen Gesetzesterminologie, sodass die Gefahr besteht, dass der Regelungswille des Gesetzgebers von der Judikative nicht vollständig nachvollzogen wird, weil auf die Konkretisierung der vorausgehenden Gesetzesbegriffe weiterhin zugegriffen wird. Als alternative Formulierung tritt auch der mögliche Begriff des „unternehmerischen Verkehrs“ bzw. „unternehmerischen Geschäftsverkehrs“ hinter der vorzugswürdigen unternehmerischen Praxis zurück. Denn mit diesen Begriffen wird, jedenfalls nach dem hiesigen Verständnis, allein auf das Wirtschaften der Unternehmer als solches abgestellt, während dem Bezug auf die unternehmerische „Praxis“ schon terminologisch der Verweis auf eine gewisse Üblichkeit bzw. Regelmäßigkeit über das bloße Wirtschaften hinaus immanent ist und daher für den aufgezeigten Zweck bei der Verschiebung des Maßstabes geeigneter ist.

b) Der normative Maßstab: Die „gute“ unternehmerische Praxis

Richtigerweise ist der Bezugspunkt zur Modifikation des Maßstabs der AGB-Kontrolle im unternehmerischen Bereich um ein normatives Kriterium zu ergänzen. Freilich versteht es sich von selbst, dass auch ohne einen solchen normativen Bezugspunkt die bloße Üblichkeit von Vertragsklauseln in der unternehmerischen Praxis nicht ausreicht, um eine unangemessene Benachteiligung des Verwendungsgegners zu verneinen, andernfalls würde die AGB-Kontrolle im unternehmerischen Geschäftsverkehr letztlich leerlaufen.[173] Sofern entsprechende Klauseln, die eigentlich zu einer unangemessenen Benachteiligung führen, nur hinreichend verbreitet sind, würde eine AGB-Kontrolle am Maßstab der Unangemessenheit ausscheiden. Zur Verdeutlichung, dass ein solches Leerlaufen nicht erfolgen soll, kann ein normativer Maßstab zum adäquaten Bezugspunkt der „unternehmerischen Praxis“ hinzugefügt werden. Dies war in § 310 Abs. 1 S. 2 BGB nicht erforderlich, da der dortige Bezugspunkt der im Handelsverkehr geltenden Gewohnheiten und Gebräuche durch den mittelbaren Bezug auf § 346 HGB so restriktiv gefasst war, dass eine weitgehende Aushöhlung des Verbots der unangemessenen Benachteiligung nach § 307 Abs. 1 BGB ausgeschlossen war. Zudem waren diese Gewohnheiten und Gebräuche „angemessen zu berücksichtigen“, womit eine weitere Abschwächung verbunden war.[174]

Insofern bietet sich als normativer Maßstab an, auf die „gute“ oder „vernünftige“ unternehmerische Praxis abzustellen. Vorzugswürdig ist dabei das Abstellen auf eine **„gute“ unternehmerische Praxis**. An diesem Maßstab wird zum einen deutlich, dass das Gesetz nicht jede unternehmerische Praxis als adäquaten Bezugspunkt zur Verschiebung des Maßstabs der Inhaltskontrolle akzeptiert, sondern sich eine Kontrolle an einem normativen Maßstab vorbehält. Auch ist die normative Ausrichtung der Bewertung (gut/schlecht) offen genug, um von Wissenschaft und Judikative

173 Aus diesem Grund scheidet der Verweis auf die „übliche“ oder „anerkannte“ unternehmerische Praxis ebenfalls aus.

174 Vgl. zur Art der Berücksichtigung sogleich unter § 4 IV.3.d).

durch die Identifikation der maßgeblichen Wertungskriterien konkretisiert zu werden, ohne zugleich einen zu restriktiven gesetzlichen Maßstab vorzugeben. Auch ist der Maßstab insofern geeignet, als er eine normative Beurteilung durch die Judikative aus ihrer Perspektive gebietet; dies ist z.B. bei dem Abstellen auf die Vernünftigkeit der unternehmerischen Praxis nicht der Fall. Hinzutritt, dass über die Modifikation des Maßstabes mit dem normativen Maßstab (gut/schlecht) noch nicht abschließend entschieden wird, da die Art der Berücksichtigung (erhebliche/grobe Abweichung) noch eine gesetzgeberische Steuerung erlaubt. In der Folge wäre es möglich, eine unternehmerische Praxis als gut (vorzugswürdig) zu kennzeichnen, ohne umgehend jede Abweichung von dieser als unangemessene Benachteiligung des Verwendungsgegners zu qualifizieren. Darüber hinaus ist dieser Maßstab International anschlussfähig, stellen doch Art. 86 Abs. 1 (b) GEK-E („gute Handelspraxis“) sowie Art. II.-9:405 DCFR („good commercial practice“) auf einen entsprechenden Maßstab ab. Auch im Übrigen ist der Bezug auf die gute Handelspraxis dem europäischen Recht nicht fremd.[175] Indes ist ein zusätzlicher normativer Maßstab zur Konkretisierung der erforderlichen Abweichung von der guten Unternehmenspraxis sinnvoll und geboten. Anderenfalls verbindet sich mit dem Bezugspunkt der guten unternehmerischen Praxis eine erhebliche Rechtsunsicherheit, da die Judikative bei der Ermittlung der guten Unternehmenspraxis sodann darüber entscheidet, ob die AGB Verwendung den „sicheren Hafen“ erreicht hat. Schon geringfügige Abweichungen würden dazu führen, dass die Verschiebung des Maßstabs für die Inhaltskontrolle nicht einschlägig ist. Sowohl mit der Ermittlung der einschlägigen guten Unternehmenspraxis (Branche, Wirtschaftszweig, national, international) als auch der Bewertung, ob die konkreten Klauseln dieser Praxis (genau) entsprechen, verbindet sich dann allerdings eine nicht unerhebliche Rechtsunsicherheit. Nicht zuletzt hierdurch wäre der Klauselverwender veranlasst, im Vorfeld etwaiger Vertragsabschlüsse möglichst präzise die (nationale/internationale) gu-

175 Vgl. zB Richtlinie 2000/35 Art. 3 Abs. 3 (Prüfung der Unangemessenheit der Vereinbarung eines Zahlungstermins oder der Folgen des Zahlungsverzugs unter Berücksichtigung der „guten Handelspraxis“); Erwägungsgrund Nr. 28 und Art. 7 Abs. 1 lit. a („jede grobe Abweichung von der guten Handelspraxis“) der Richtlinie 2011/7/EU des Europäischen Parlaments und des Rates vom 16. Februar 2011 zur Bekämpfung von Zahlungsverzug im Geschäftsverkehr, ABl. L 48 vom 23.2.2011, S. 1; Erwägungsgrund 1 und Art. 1 Richtlinie (EU) 2019/633 des Europäischen Parlaments und des Rates vom 17. April 2019 über unlautere Handelspraktiken in den Geschäftsbeziehungen zwischen Unternehmen in der Agrar- und Lebensmittelversorgungskette, ABl. L 111 vom 25.4.2019, S. 59.

te unternehmerische Praxis in der konkreten Branche bzw. dem konkreten Wirtschaftszweig etc. ermitteln zu lassen, um nicht Gefahr zu laufen, durch eine (geringfügige) Abweichung den Schutz der entsprechenden Regelung zu verlieren.

Weniger überzeugend ist der Bezug auf die „vernünftige" unternehmerische Praxis. Mit einer solchen verbindet sich das Verdikt der unvernünftigen Praxis, wenn das Gericht zum Ergebnis kommt, dass die entsprechende unternehmerische Praxis abzulehnen sei. Hierdurch wird zugleich deutlich, dass der Begriff der Vernünftigkeit einen unzutreffenden normativen Maßstab insinuiert, denn es kann aus der Perspektive des Klauselverwenders durchaus vernünftig sein, die eigenen Interessen zulasten der Interessen des Verwendungsgegners übermäßig bei der Klauselabfassung zu berücksichtigen. Insofern wäre zu konkretisieren, aus welcher Perspektive die Vernünftigkeit der Klausel als unternehmerische Praxis zu beurteilen ist. In Betracht kommen insofern der Klauselverwender, der Klauselgegner sowie der Markt, mit allen Unsicherheiten, die mit einer solchen Perspektive verbunden sind. Möglich wäre auch der Bezug auf die „angemessene" unternehmerische Praxis, doch scheidet dieser Begriff aus, da sodann eine Begriffsdoppelung mit dem Maßstab der Unangemessenheit im § 307 Abs. 1 BGB vorläge.

c) Der Grad der Abweichung

Die aktuelle gesetzliche Regelung enthält in § 310 Abs. 1 BGB nur das Gebot, bei der AGB-Kontrolle im unternehmerischen Geschäftsverkehr auf die im Handelsverkehr geltenden Gewohnheiten und Gebräuche angemessen Rücksicht zu nehmen. Eine konkrete Schwelle, oberhalb derer eine Abweichung von den Gewohnheiten und Gebräuchen in besonderem Maße relevant wird, identifiziert § 310 Abs. 1 BGB nicht.

Mit Blick auf den Grad der Abweichung, jenseits dessen der „sichere Hafen" der Verschiebung des Maßstabs der Inhaltskontrolle nicht mehr gewährt wird, ist richtigerweise eine hinreichend große Abweichung von der guten Unternehmenspraxis als Marktstandard zu verlangen. Dies wird richtigerweise mit dem Terminus der „groben" Abweichung von der guten unternehmerischen Praxis erfasst. Alternativ könnte der Gesetzestext auf eine „erhebliche" Abweichung von dieser Praxis abstellen. Dies rechtfertigt sich materiell daraus, dass von einer einseitigen Inanspruchnahme der Vertragsgestaltungsfreiheit als Zweck der AGB-Kontrolle typischerweise dann nicht ausgegangen werden kann, wenn die Parteien das vereinbaren, was der guten Unternehmenspraxis entspricht. Gleiches gilt, wenn hiervon einzelne Abweichungen zu verzeichnen sind. Auch insofern ist es gerechtfertigt, wenn der Gesetzgeber bei seiner Typisierung davon ausgeht, dass diese begrenzten Abweichungen der Unschärfe der guten unternehmerischen Praxis oder aber der konkreten Interessenlage der Parteien des konkreten Rechtsgeschäfts geschuldet sind.

d) Die Folge einer Abweichung von der guten unternehmerischen Praxis

Sofern die konkreten Vertragsklauseln in dem als erheblich gekennzeichneten Umfang von der guten unternehmerischen Praxis abweichen, ist zu entscheiden, welche Folgen dies für die AGB-Kontrolle im unternehmerischen Geschäftsverkehr hat. Die aktuelle Fassung des BGB sieht nur vor, dass auf die im Handelsverkehr geltenden Gewohnheiten und Gebräuche „angemessen Rücksicht zu nehmen" ist. Dementsprechend könnte für die AGB-Klauselkontrolle angeordnet werden, eine Übereinstimmung mit der guten Unternehmenspraxis oder auch eine grobe Abweichung von dieser durch die konkreten Klauseln im Rahmen von § 307 BGB „zu berücksichtigen".

Vorzugswürdig ist indes eine hinreichende gesetzliche Regelung, die den „sicheren Hafen" für die Verwendung von AGB im unternehmerischen Geschäftsverkehr gewährleistet, d.h. die Übereinstimmung mit der guten unternehmerischen Praxis bis hin zu einer groben Abweichung. Geboten ist daher eine Regelung, nach der eine **unangemessene Benachteiligung** durch die AGB im unternehmerischen Geschäftsverkehr im Sinne von § 307 Abs. 1 BGB **nur in Betracht kommt, wenn eine grobe Abweichung von der unternehmerischen Praxis** vorliegt. Hierdurch werden Vertragsklauseln dem Verdikt der unangemessenen Benachteiligung entzogen, wenn sie mit der guten Unternehmenspraxis übereinstimmen bzw. nur in begrenztem Umfang, jedenfalls nicht grob von dieser abweichen. Auch mit Blick auf die hierdurch im Ergebnis erfolgende Typisierung jener Konstellationen, in denen im unternehmerischen Geschäftsverkehr eine einseitige Inanspruchnahme der Vertragsgestaltungsfreiheit durch den Klauselverwender vorliegt, erweist sich dieser Maßstab als zutreffend. Denn im unternehmerischen Geschäftsverkehr ist es gerechtfertigt, normativ davon auszugehen, dass eine solche einseitige Inanspruchnahme typischerweise dann nicht vorliegt, wenn die Parteien Vertragsklauseln vereinbaren, die der guten unternehmerischen Praxis in jener Branche bzw. in jenem Wirtschaftszweig etc. entsprechen bzw. von dieser nur in begrenztem Umfang, d.h. nicht grob, abweichen.

Zugleich ist dieser normative Maßstab hinreichend flexibel, ermöglicht er doch der Judikative über die Qualifikation bestimmter Vertragsklauseln als „Unternehmenspraxis", über die Qualifikation als „gute" Unternehmenspraxis sowie über die Bestimmung der Abweichung als „grob" hinreichend wertungspräzise Ergebnisse.

V. Der Bezug auf „innovative Geschäftsmodelle" im Koalitionsvertrag v. 12. März 2018

1. Die Erfassung innovativer Geschäftsmodelle

Der Koalitionsvertrag vom 12. März 2018[176] formuliert das Ziel der Koalitionsparteien, die Rechtssicherheit für „innovative Geschäftsmodelle" mit Blick auf die Anwendung des AGB-Rechts zu verbessern. Eine nähere Konkretisierung des Begriffs der innovativen Geschäftsmodelle unterbleibt dabei allerdings. Auch handelt es sich nicht um einen eingeführten Rechtsbegriff. In der rechtswissenschaftlichen Diskussion wird auf die rechtliche Erfassung nicht-vertypter Verträge bzw. „moderner" Vertragstypen abgestellt,[177] mithin auf den konkreten Vertragstypus, der zu den im BGB vertypten Verträgen in Bezug gesetzt wird. Der vom Koalitionsvertrag verwendete Terminus des „Geschäftsmodells" ist dieser Diskussion fremd. Entsprechendes gilt für den Begriff des „innovativen" Geschäftsmodells. Auch dieser ist vage und lässt sich mit neu, neuartig, zukunftsweisend und zukunftsgerichtet verstehen, ohne dass unter Heranziehung des allgemeinen Sprachgebrauchs eine hinreichende Begriffsschärfe erreichbar ist. Wie bei allen plakativen Bezeichnungen hat man allerdings auch bei dem Verweis im Koalitionsvertrag auf innovative Geschäftsmodelle eine „diffuse" Vorstellung davon, welche Vertragstypen bzw. neuen Erscheinungsformen des Wirtschaftens gemeint sein können. So können sicherlich atypische Verträge in der Plattformwirtschaft, Verträge des cloudbasierten Wirtschaftens und Verträge im Umfeld der Erstellung und Anwendung digitalbasierter Unternehmenskonzepte, z.B. Entwicklungsverträge bei App-basierten Konzepten, hierzu gerechnet werden.

176 Vgl. Fn. 11.

177 *Martinek*, Moderne Vertragstypen, Bd. 1, 1991; Bd. 2, 1992; Bd. 3 1993; *Bartsch*, CR 2000, 3 ff.

Sofern in Bezug auf diese innovativen Geschäftsmodelle die Problematik der im Grundsatz unbegrenzten Haftung des Auftragnehmers bzw. der weitreichenden Risikoverlagerung auf den Auftragnehmer diskutiert wird, ist der Kritik an den Vorschlägen zu einer Reform des AGB-Rechts im B2B-Bereich[178] zuzugeben, dass es sich insofern nicht um Problemkreise handelt, die spezifische mit „innovativen Geschäftsmodellen" verbunden sind. Vielmehr werden insofern schadensrechtliche Grundsätze (unbegrenzte Schadensersatzhaftung) bzw. allgemeine klauselrechtliche Grundsätze (Grenzen der angemessenen Risikoverteilung) auf Verträge angewandt, die den innovativen Geschäftsmodellen zugerechnet werden. Eine spezifisch neue Fragestellung bei diesen Verträgen ist hiermit nicht verbunden; aber immerhin ist (auch hier) für den jeweiligen Vertrag/Vertragstyp zu entscheiden, in welchem Umfang eine klauselmäßige Abweichung von der allgemeinen gesetzlichen Risikozuweisung noch wertungsgerecht ist.

In der Folge ist in der Tat fraglich, ob die Reformbedürftigkeit des AGB-Rechts gerade mit Blick auf die sog. innovativen Geschäftsmodelle oder Verträge, die der sog. Industrie 4.0 zuzuordnen sind, um grundlegend neue Aspekte oder Fragestellungen ergänzt wird. Überzeugender erscheint es, dass sich bei diesen Geschäftsmodellen bzw. Verträgen jene vorstehend in Blick genommenen Defizite des deutschen AGB-Rechts im unternehmerischen Geschäftsverkehr, namentlich das Fehlen einer adäquaten Bereichsausnahme von der AGB-Kontrolle, das Fehlen einer wertungsadäquaten Regelung der Individualabrede sowie das Fehlen einer angemessenen Modifikation des Maßstabs der Inhaltskontrolle, in ganz besonderem Maße zeigen. Mit anderen Worten erweisen sich diese Geschäftsmodelle bzw. Verträge nachgerade als aktuelles Brennglas für die genannten Defizite des deutschen AGB-Rechts im B2B-Bereich, da diese Defizite bei ihnen in ganz besonderem Maße und in quantitativ großem Umfang auftreten. In der Folge wird die unternehmerische Geschäftstätigkeit in diesen Bereichen durch die Defizite des AGB-Rechts in erheblichem Umfang beeinträchtigt, was angesichts der Bedeutung „innovativer Geschäftsmodelle" für die Entwicklung der deutschen Gesamtwirtschaft besonders gravierend ist.

178 Jüngst *Graf von Westphalen* ZIP 2018, 1101, 1110.

2. Beispiele für die Brennglasfunktion der innovativen Geschäftsmodelle

Als Beispiele für diese Brennglasfunktion der innovativen Geschäftsmodelle bzw. Verträge der Industrie 4.0 kann auf die international üblichen Gewährleistungsregeln verwiesen werden, die mit einer klauselmäßigen Vertragsgestaltung im Anwendungsbereich der deutschen AGB-Kontrolle nicht vereinbart werden können. In der Folge weichen die vom deutschen AGB-Recht auch im unternehmerischen Geschäftsverkehr vorgeschriebenen Haftungsstandards von den international üblichen Gewährleistungsregeln ab, so dass bei grenzüberschreitenden Verträgen eine Januskopfigkeit der Haftungsregeln zulasten des deutschen Anbieters resultieren kann (Haftungs-Delta; liability gap). Denn dieser ist zum einen Partei eines Vertrags, der nicht deutschem Recht unterliegt und die international üblichen stark beschränkenden Gewährleistungsklauseln enthält, während er sodann ggf. Verträge mit Abnehmern vereinbart, die dem deutschem Recht und damit der strengen AGB-Inhaltskontrolle einer etwaigen Beschränkung der Gewährleistung unterliegen. Paradigmatisch hierfür sind Cloud-Services-Verträge, die einem ausländischen Vertragsrecht mit restriktivem klauselmäßigen Gewährleistungsrecht unterliegen, während die vom deutschen Abnehmer, bei dem die erworbenen Cloud-Dienste in Angebote an unternehmerische Kunden eingehen, mit seinen unternehmerischen Kunden geschlossenen Verträge dem deutschen Recht und damit dem mit Blick auf die Modifikation von Gewährleistungsansprüchen restriktiven AGB-Recht unterfallen. Sofern eine Haftung des deutschen Anbieters aus Leistungsdefiziten resultiert, kann seine Haftung gegenüber den unternehmerischen Kunden nach deutschem Recht wesentlich strenger sein, als die Haftung des Dienste-Anbieters nach dem ausländischen Vertragsrecht ihm gegenüber. Die gleiche Problematik ist einschlägig, wenn ein Software-Hersteller auf Komponenten (Fremdsoftware) zurückgreift, deren Lizenzierung ausländischem Recht unterfällt, während die Verträge des Software-Herstellers mit seinen deutschen unternehmerischen Kunden dem deutschem Recht unterfallen. Etwaige Begrenzungen von Gewährleistung und Haftung durch den Lieferanten der Komponenten unter Geltung ausländischen Rechts können vom Software-Hersteller unter Geltung deutschen Rechts nicht an seine Kunden weitergegeben werden. Auch an Lieferverträgen, die ausländischem Recht unterliegen und international übliche Haftungsbeschränkungen enthalten, kann die Problematik verdeutlicht werden, sofern der deutsche Hersteller das produzierte Produkt an einen unternehmerischen Kunden per Kaufvertrag veräußert, der dem deutschen AGB-Recht unterfällt. Auch insofern sind die sehr beschränkten

Möglichkeiten der klauselmäßigen Haftungsbegrenzung im AGB-Recht einschlägig. Die Automatisierung des Wertschöpfungsprozesses, d. h. die automatisierte Bestellung beim Hersteller wie auch der Vorprodukte beim Zulieferer durch die Kommunikation von Maschine zu Maschine erweist sich dabei wiederum als Brennglas der bestehenden Problematik aufgrund der resultierenden Vervielfachung der abgeschlossenen Verträge.

Paralleles gilt bei der Problematik von innovativen Vergütungsregelungen. Auch diese laufen unter der aktuellen Fassung der AGB-Kontrolle im BGB Gefahr, dieser nicht standzuhalten und die strengen Anforderungen an eine Individualabrede regelmäßig nicht zu erfüllen.[179] Auch insoweit erweist sich die Anwendung des AGB-Rechts auf innovative Geschäftsmodelle und Vertragstypen als Brennglas der aufgezeigten Problemkreise, bedenkt man, dass allein im Online-Geschäft eine Vielzahl von neuartigen Vergütungsmodellen entwickelt wurden,[180] die erheblich von den tradierten Vergütungsmodellen abweichen. Sollten nur die tradierten Vergütungsmodelle der AGB-Kontrolle standhalten, erweist sich das AGB-Recht insofern als innovationshemmend.

Eine vergleichbare Problematik stellt sich, wenn der dem ausländischen Recht unterliegende Vertrag zwischen dem deutschen Software-Anbieter und seinem ausländischen Software-Zulieferer Pflichten des deutschen Softwareanbieters mit Blick auf die von ihm abzuschließenden Verträge mit seinen Abnehmern enthält. Dies kann z.B. die Pflicht sein, international in Software-Verträgen übliche Klauseln an den Endkunden im Endkundenvertrag weiter zu reichen. Paradigmatisch ist das klauselmäßige Verbot des Anspruchsdurchgriffs auf den Hersteller, international übliche Nutzungsbeschränkungen sowie Gewährleistungs- und Haftungsklauseln. Sofern eine solche Klausel nicht der AGB-Kontrolle am Maßstab der §§ 307 ff. BGB standhält, besteht unter dem geltenden AGB-Recht für den deutschen Software-Anbieter keine Möglichkeit, entsprechende Klauseln wirksam zu vereinbaren. Denn die strengen Voraussetzungen einer Individualabrede werden regelmäßig nicht vorliegen und der Maßstab der Inhaltskontrolle orientiert sich nur an den Gewohnheiten und Gebräuchen des Handelsverkehrs. Sowohl über eine entsprechende Bereichsausnahme wie auch die modifizierten Voraussetzungen der Individualabrede, jeden-

---

179 Paradigmatisch sind die Entscheidungen des BGH Bring or Pay I und II, vgl. die Nachweise Fn. 18 und Fn. 20.

180 Neben der sog. harten Bezahlschranke, die dem tradierten Modell des do-ut-des entspricht, sind dies auch sog. Freemium-Modelle, Metered-Modelle und Micropayment Systeme, vgl. nur Hacker ZfPW 2019, 148, 153 ff.

falls aber über den modifizierten Maßstab der AGB-Inhaltskontrolle könnten allerdings solche Klauseln nach einer Reform des AGB-Rechts wirksam vereinbart werden. Ein weiteres Beispiel sind internationale Zahlungssysteme, z.B. Kreditkartensysteme, bei denen der nationale Zahlungsanbieter Händlerverträge mit den nationalen Vertragsunternehmen abschließt und diese hierdurch an das internationale Kreditkartensystem anschließt. Auch hierbei werden dem nationalen Zahlungsanbieter von der Kreditkartenorganisation bestimmte Klauseln vorgegeben, die in die Händlerverträge mit den unternehmerischen Kunden des Zahlungsanbieters zu übernehmen sind. Diesen kann der deutsche Zahlungsanbieter unter der Geltung der aktuellen AGB-Kontrolle teilweise nicht Rechnung tragen.

Mit Blick auf neue Geschäftsmodelle im Bereich der Digitalisierung kann die Gestaltung der Nutzungsrechte an Daten in AGB insofern problematisch sein, als § 307 Abs. 2 Nr. 1 BGB auf die „wesentlichen Grundgedanken der gesetzlichen Regelung" verweist, wobei die Rechtsnatur von Daten und das gesetzliche Leitbild der Nutzung von Daten im deutschen Privatrecht noch nicht vollständig klar sind. Die Modifikation des Maßstabs der Inhaltskontrolle durch den Verweis auf die „gute unternehmerische Praxis" sowie die Möglichkeit, die vertragliche Abrede zwischen den unternehmerischen Vertragsparteien über eine Individualabrede mit adäquaten Voraussetzungen insgesamt der AGB-Kontrolle zu entziehen, würde die Rechtsunsicherheit erheblich reduzieren.

VI. Fazit

Die vorstehende Zusammenstellung hat vor dem Hintergrund der aktuellen Regelungen zur AGB-Kontrolle im BGB zahlreiche Vorschläge zur Modifikation des AGB-Rechts und ihrer jeweiligen Ansatzpunkte aufgezeigt. Darüber hinaus hat die Diskussion der Regelungsvorschläge unter Beteiligung von Wissenschaft und Praxis die Legitimation der Aufspaltung der Problematik in drei Ansatzpunkte bestätigt. Mit Blick auf die Beschränkung der AGB-Kontrolle im unternehmerischen Verkehr sind verschiedene Regelungsoptionen denkbar, die Großunternehmen, gegebenenfalls auch Unternehmen mittlerer Größe jedenfalls beim Vertragsschluss auf dieser Stufe von einer AGB-Kontrolle am Maßstab der §§ 307 ff. BGB freistellen. Hinzu muss eine wertungsadäquate Regelung der Individualabrede treten, deren Voraussetzungen vorzugswürdig durch Regelbeispiele konkretisiert werden. Schließlich muss der Maßstab für die verbleibende Inhaltskontrolle im unternehmerischen Verkehr derart modifiziert werden, dass er Regelungen, die der guten unternehmerischen Praxis entsprechen, billigt.

Nicht zugestimmt werden kann der Überlegung, dass vor einer gesetzgeberischen Reform der AGB-Kontrolle im B2B-Bereich eine umfassende Feldstudie zur Haftungsbegrenzung unerlässlich sei.[181] Insofern ist nur daran zu erinnern, dass eine umfassende Studie zur Reform des AGB-Rechts in Bezug auf die Wirksamkeitsgrenzen von formularmäßigen Haftungsbegrenzungen bereits vorliegt[182] und diese auch im Auftrag des BMJV erstellt wurde. Darüber hinaus wird die Diskussion über die Notwendigkeit einer Reform des deutschen AGB-Rechts im B2B-Bereich nunmehr seit über zehn Jahren geführt, wobei die Argumente letztlich umfassend ausgetauscht wurden. Auch finden sich im Schrifttum hinreichende Beiträge, die argumentativ untermauert für bzw. gegen eine solche Reform streiten. Letztlich hat der Gesetzgeber nun die rechtspolitische Entscheidung zu treffen, ob er eine solche AGB-Reform unternimmt.

Aus diesem Grund war es geboten, den Fokus auf das „Ob“ einer entsprechenden AGB-Reform zu richten. Insofern finden sich mittlerweile ausführliche wissenschaftliche Untersuchungen,[183] die sich mit den einzelnen Regelungsvorschlägen befassen. Hinzutritt eine Vielzahl von Stellungnahmen im Schrifttum zu einzelnen Regelungsvorschlägen.[184] Auch rechtsvergleichende Untersuchungen[185] und Vorschläge auf der Ebene eines etwaigen Gemeinsamen Europäischen Kaufrechts (GEK) können in die Erwägung des Gesetzgebers eingestellt werden. Die vorstehende Untersuchung hat den Versuch unternommen, die Regelungsvorschläge konzise abzubilden und die überaus fruchtbare Diskussion aus Wissenschaft und Praxis anlässlich des Workshops an der Universität Regensburg zu dokumentieren. Dies und die abschließenden Erwägungen zu einer Reform der AGB-Kontrolle im unternehmerischen Geschäftsverkehr verstehen sich als Beitrag zu dem wohl alle Parteien vereinenden Ziel, ein international wettbewerbsfähiges deutsches Privatrecht im Bereich des unternehmerischen Geschäftsverkehrs zu erreichen.

---

181 So *Graf von Westphalen* ZIP 2018, 1101, 1111.

182 Vgl. *Leuschner* (Fn. 91); *dens.* ZIP 2015, 1326.

183 Vgl. *Wendland*, Vertragsfreiheit und Vertragsgerechtigkeit, 2019; *Huth*, Kontrolle Allgemeiner Geschäftsbedingungen im unternehmerischen Geschäftsverkehr unter Berücksichtigung geltender Gewohnheiten und Gebräuche, 2017.

184 Vgl. die Nachweise oben § 2 IV.

185 Vgl. *Leuschner* ZEuP 2017, 335; *Müller/Schilling*, BB 2012, 2319..

Anhang I: Auszug der wesentlichen AGB-rechtlichen Vorschriften aus dem BGB

Auszug aus dem BGB
in der Fassung der Bekanntmachung vom 2. Januar 2002 (BGBl. I S. 42, 2909; 2003 I S. 738), zuletzt geändert durch Artikel 7 des Gesetzes vom 31. Januar 2019 (BGBl. I S. 54)

§ 305 Einbeziehung Allgemeiner Geschäftsbedingungen in den Vertrag

(1) Allgemeine Geschäftsbedingungen sind alle für eine Vielzahl von Verträgen vorformulierten Vertragsbedingungen, die eine Vertragspartei (Verwender) der anderen Vertragspartei bei Abschluss eines Vertrags stellt. Gleichgültig ist, ob die Bestimmungen einen äußerlich gesonderten Bestandteil des Vertrags bilden oder in die Vertragsurkunde selbst aufgenommen werden, welchen Umfang sie haben, in welcher Schriftart sie verfasst sind und welche Form der Vertrag hat. Allgemeine Geschäftsbedingungen liegen nicht vor, soweit die Vertragsbedingungen zwischen den Vertragsparteien im Einzelnen ausgehandelt sind.

(2) Allgemeine Geschäftsbedingungen werden nur dann Bestandteil eines Vertrags, wenn der Verwender bei Vertragsschluss
   1. die andere Vertragspartei ausdrücklich oder, wenn ein ausdrücklicher Hinweis wegen der Art des Vertragsschlusses nur unter unverhältnismäßigen Schwierigkeiten möglich ist, durch deutlich sichtbaren Aushang am Ort des Vertragsschlusses auf sie hinweist und
   2. der anderen Vertragspartei die Möglichkeit verschafft, in zumutbarer Weise, die auch eine für den Verwender erkennbare körperliche Behinderung der anderen Vertragspartei angemessen berücksichtigt, von ihrem Inhalt Kenntnis zu nehmen,

und wenn die andere Vertragspartei mit ihrer Geltung einverstanden ist.

(3) Die Vertragsparteien können für eine bestimmte Art von Rechtsgeschäften die Geltung bestimmter Allgemeiner Geschäftsbedingungen unter Beachtung der in Absatz 2 bezeichneten Erfordernisse im Voraus vereinbaren.

§ 305a Einbeziehung in besonderen Fällen

Auch ohne Einhaltung der in § 305 Abs. 2 Nr. 1 und 2 bezeichneten Erfordernisse werden einbezogen, wenn die andere Vertragspartei mit ihrer Geltung einverstanden ist,

1. die mit Genehmigung der zuständigen Verkehrsbehörde oder auf Grund von internationalen Übereinkommen erlassenen Tarife und Ausführungsbestimmungen der Eisenbahnen und die nach Maßgabe des Personenbeförderungsgesetzes genehmigten Beförderungsbedingungen der Straßenbahnen, Obusse und Kraftfahrzeuge im Linienverkehr in den Beförderungsvertrag,
2. die im Amtsblatt der Bundesnetzagentur für Elektrizität, Gas, Telekommunikation, Post und Eisenbahnen veröffentlichten und in den Geschäftsstellen des Verwenders bereitgehaltenen Allgemeinen Geschäftsbedingungen
   a) in Beförderungsverträge, die außerhalb von Geschäftsräumen durch den Einwurf von Postsendungen in Briefkästen abgeschlossen werden,
   b) in Verträge über Telekommunikations-, Informations- und andere Dienstleistungen, die unmittelbar durch Einsatz von Fernkommunikationsmitteln und während der Erbringung einer Telekommunikationsdienstleistung in einem Mal erbracht werden, wenn die Allgemeinen Geschäftsbedingungen der anderen Vertragspartei nur unter unverhältnismäßigen Schwierigkeiten vor dem Vertragsschluss zugänglich gemacht werden können.

§ 305b Vorrang der Individualabrede

Individuelle Vertragsabreden haben Vorrang vor Allgemeinen Geschäftsbedingungen.

§ 305c Überraschende und mehrdeutige Klauseln

(1) Bestimmungen in Allgemeinen Geschäftsbedingungen, die nach den Umständen, insbesondere nach dem äußeren Erscheinungsbild des Vertrags, so ungewöhnlich sind, dass der Vertragspartner des Verwenders mit ihnen nicht zu rechnen braucht, werden nicht Vertragsbestandteil.

(2) Zweifel bei der Auslegung Allgemeiner Geschäftsbedingungen gehen zu Lasten des Verwenders.

§ 306 Rechtsfolgen bei Nichteinbeziehung und Unwirksamkeit

(1) Sind Allgemeine Geschäftsbedingungen ganz oder teilweise nicht Vertragsbestandteil geworden oder unwirksam, so bleibt der Vertrag im Übrigen wirksam.
(2) Soweit die Bestimmungen nicht Vertragsbestandteil geworden oder unwirksam sind, richtet sich der Inhalt des Vertrags nach den gesetzlichen Vorschriften.
(3) Der Vertrag ist unwirksam, wenn das Festhalten an ihm auch unter Berücksichtigung der nach Absatz 2 vorgesehenen Änderung eine unzumutbare Härte für eine Vertragspartei darstellen würde.

§ 306a Umgehungsverbot

Die Vorschriften dieses Abschnitts finden auch Anwendung, wenn sie durch anderweitige Gestaltungen umgangen werden.

§ 307 Inhaltskontrolle

(1) Bestimmungen in Allgemeinen Geschäftsbedingungen sind unwirksam, wenn sie den Vertragspartner des Verwenders entgegen den Geboten von Treu und Glauben unangemessen benachteiligen. Eine unangemessene Benachteiligung kann sich auch daraus ergeben, dass die Bestimmung nicht klar und verständlich ist.
(2) Eine unangemessene Benachteiligung ist im Zweifel anzunehmen, wenn eine Bestimmung
   1. mit wesentlichen Grundgedanken der gesetzlichen Regelung, von der abgewichen wird, nicht zu vereinbaren ist oder
   2. wesentliche Rechte oder Pflichten, die sich aus der Natur des Vertrags ergeben, so einschränkt, dass die Erreichung des Vertragszwecks gefährdet ist.
(3) Die Absätze 1 und 2 sowie die §§ 308 und 309 gelten nur für Bestimmungen in Allgemeinen Geschäftsbedingungen, durch die von Rechtsvorschriften abweichende oder diese ergänzende Regelungen

vereinbart werden. Andere Bestimmungen können nach Absatz 1 Satz 2 in Verbindung mit Absatz 1 Satz 1 unwirksam sein.

§ 308 Klauselverbote mit Wertungsmöglichkeit

In Allgemeinen Geschäftsbedingungen ist insbesondere unwirksam

1. (Annahme- und Leistungsfrist)
   eine Bestimmung, durch die sich der Verwender unangemessen lange oder nicht hinreichend bestimmte Fristen für die Annahme oder Ablehnung eines Angebots oder die Erbringung einer Leistung vorbehält; ausgenommen hiervon ist der Vorbehalt, erst nach Ablauf der Widerrufsfrist nach § 355 Absatz 1 und 2 zu leisten;

1a. (Zahlungsfrist)
   eine Bestimmung, durch die sich der Verwender eine unangemessen lange Zeit für die Erfüllung einer Entgeltforderung des Vertragspartners vorbehält; ist der Verwender kein Verbraucher, ist im Zweifel anzunehmen, dass eine Zeit von mehr als 30 Tagen nach Empfang der Gegenleistung oder, wenn dem Schuldner nach Empfang der Gegenleistung eine Rechnung oder gleichwertige Zahlungsaufstellung zugeht, von mehr als 30 Tagen nach Zugang dieser Rechnung oder Zahlungsaufstellung unangemessen lang ist;

1b. (Überprüfungs- und Abnahmefrist)
   eine Bestimmung, durch die sich der Verwender vorbehält, eine Entgeltforderung des Vertragspartners erst nach unangemessen langer Zeit für die Überprüfung oder Abnahme der Gegenleistung zu erfüllen; ist der Verwender kein Verbraucher, ist im Zweifel anzunehmen, dass eine Zeit von mehr als 15 Tagen nach Empfang der Gegenleistung unangemessen lang ist;

2. (Nachfrist)
   eine Bestimmung, durch die sich der Verwender für die von ihm zu bewirkende Leistung abweichend von Rechtsvorschriften eine unangemessen lange oder nicht hinreichend bestimmte Nachfrist vorbehält;
3. (Rücktrittsvorbehalt)
   die Vereinbarung eines Rechts des Verwenders, sich ohne sachlich gerechtfertigten und im Vertrag angegebenen Grund von seiner Leistungspflicht zu lösen; dies gilt nicht für Dauerschuldverhältnisse;
4. (Änderungsvorbehalt)
   die Vereinbarung eines Rechts des Verwenders, die versprochene Leistung zu ändern oder von ihr abzuweichen, wenn nicht die Vereinba-

rung der Änderung oder Abweichung unter Berücksichtigung der Interessen des Verwenders für den anderen Vertragsteil zumutbar ist;

5. (Fingierte Erklärungen)
   eine Bestimmung, wonach eine Erklärung des Vertragspartners des Verwenders bei Vornahme oder Unterlassung einer bestimmten Handlung als von ihm abgegeben oder nicht abgegeben gilt, es sei denn, dass
   a) dem Vertragspartner eine angemessene Frist zur Abgabe einer ausdrücklichen Erklärung eingeräumt ist und
   b) der Verwender sich verpflichtet, den Vertragspartner bei Beginn der Frist auf die vorgesehene Bedeutung seines Verhaltens besonders hinzuweisen;
6. (Fiktion des Zugangs)
   eine Bestimmung, die vorsieht, dass eine Erklärung des Verwenders von besonderer Bedeutung dem anderen Vertragsteil als zugegangen gilt;
7. (Abwicklung von Verträgen)
   eine Bestimmung, nach der der Verwender für den Fall, dass eine Vertragspartei vom Vertrag zurücktritt oder den Vertrag kündigt,
   a) eine unangemessen hohe Vergütung für die Nutzung oder den Gebrauch einer Sache oder eines Rechts oder für erbrachte Leistungen oder
   b) einen unangemessen hohen Ersatz von Aufwendungen verlangen kann;
8. (Nichtverfügbarkeit der Leistung)
   die nach Nummer 3 zulässige Vereinbarung eines Vorbehalts des Verwenders, sich von der Verpflichtung zur Erfüllung des Vertrags bei Nichtverfügbarkeit der Leistung zu lösen, wenn sich der Verwender nicht verpflichtet,
   a) den Vertragspartner unverzüglich über die Nichtverfügbarkeit zu informieren und
   b) Gegenleistungen des Vertragspartners unverzüglich zu erstatten.

§ 309 Klauselverbote ohne Wertungsmöglichkeit

Auch soweit eine Abweichung von den gesetzlichen Vorschriften zulässig ist, ist in Allgemeinen Geschäftsbedingungen unwirksam

1. (Kurzfristige Preiserhöhungen)

eine Bestimmung, welche die Erhöhung des Entgelts für Waren oder Leistungen vorsieht, die innerhalb von vier Monaten nach Vertragsschluss geliefert oder erbracht werden sollen; dies gilt nicht bei Waren oder Leistungen, die im Rahmen von Dauerschuldverhältnissen geliefert oder erbracht werden;

2. (Leistungsverweigerungsrechte)
   eine Bestimmung, durch die
   a) das Leistungsverweigerungsrecht, das dem Vertragspartner des Verwenders nach § 320 zusteht, ausgeschlossen oder eingeschränkt wird oder
   b) ein dem Vertragspartner des Verwenders zustehendes Zurückbehaltungsrecht, soweit es auf demselben Vertragsverhältnis beruht, ausgeschlossen oder eingeschränkt, insbesondere von der Anerkennung von Mängeln durch den Verwender abhängig gemacht wird;
3. (Aufrechnungsverbot)
   eine Bestimmung, durch die dem Vertragspartner des Verwenders die Befugnis genommen wird, mit einer unbestrittenen oder rechtskräftig festgestellten Forderung aufzurechnen;
4. (Mahnung, Fristsetzung)
   eine Bestimmung, durch die der Verwender von der gesetzlichen Obliegenheit freigestellt wird, den anderen Vertragsteil zu mahnen oder ihm eine Frist für die Leistung oder Nacherfüllung zu setzen;
5. (Pauschalierung von Schadensersatzansprüchen)
   die Vereinbarung eines pauschalierten Anspruchs des Verwenders auf Schadensersatz oder Ersatz einer Wertminderung, wenn
   a) die Pauschale den in den geregelten Fällen nach dem gewöhnlichen Lauf der Dinge zu erwartenden Schaden oder die gewöhnlich eintretende Wertminderung übersteigt oder
   b) dem anderen Vertragsteil nicht ausdrücklich der Nachweis gestattet wird, ein Schaden oder eine Wertminderung sei überhaupt nicht entstanden oder wesentlich niedriger als die Pauschale;
6. (Vertragsstrafe)
   eine Bestimmung, durch die dem Verwender für den Fall der Nichtabnahme oder verspäteten Abnahme der Leistung, des Zahlungsverzugs oder für den Fall, dass der andere Vertragsteil sich vom Vertrag löst, Zahlung einer Vertragsstrafe versprochen wird;
7. (Haftungsausschluss bei Verletzung von Leben, Körper, Gesundheit und bei grobem Verschulden)
   a) (Verletzung von Leben, Körper, Gesundheit)

ein Ausschluss oder eine Begrenzung der Haftung für Schäden aus der Verletzung des Lebens, des Körpers oder der Gesundheit, die auf einer fahrlässigen Pflichtverletzung des Verwenders oder einer vorsätzlichen oder fahrlässigen Pflichtverletzung eines gesetzlichen Vertreters oder Erfüllungsgehilfen des Verwenders beruhen;

b) (Grobes Verschulden)
ein Ausschluss oder eine Begrenzung der Haftung für sonstige Schäden, die auf einer grob fahrlässigen Pflichtverletzung des Verwenders oder auf einer vorsätzlichen oder grob fahrlässigen Pflichtverletzung eines gesetzlichen Vertreters oder Erfüllungsgehilfen des Verwenders beruhen;

die Buchstaben a und b gelten nicht für Haftungsbeschränkungen in den nach Maßgabe des Personenbeförderungsgesetzes genehmigten Beförderungsbedingungen und Tarifvorschriften der Straßenbahnen, Obusse und Kraftfahrzeuge im Linienverkehr, soweit sie nicht zum Nachteil des Fahrgasts von der Verordnung über die Allgemeinen Beförderungsbedingungen für den Straßenbahn- und Obusverkehr sowie den Linienverkehr mit Kraftfahrzeugen vom 27. Februar 1970 abweichen; Buchstabe b gilt nicht für Haftungsbeschränkungen für staatlich genehmigte Lotterie- oder Ausspielverträge;

8. (Sonstige Haftungsausschlüsse bei Pflichtverletzung)

a) (Ausschluss des Rechts, sich vom Vertrag zu lösen)
eine Bestimmung, die bei einer vom Verwender zu vertretenden, nicht in einem Mangel der Kaufsache oder des Werkes bestehenden Pflichtverletzung das Recht des anderen Vertragsteils, sich vom Vertrag zu lösen, ausschließt oder einschränkt; dies gilt nicht für die in der Nummer 7 bezeichneten Beförderungsbedingungen und Tarifvorschriften unter den dort genannten Voraussetzungen;

b) (Mängel)
eine Bestimmung, durch die bei Verträgen über Lieferungen neu hergestellter Sachen und über Werkleistungen

aa) (Ausschluss und Verweisung auf Dritte)
die Ansprüche gegen den Verwender wegen eines Mangels insgesamt oder bezüglich einzelner Teile ausgeschlossen, auf die Einräumung von Ansprüchen gegen Dritte beschränkt oder von der vorherigen gerichtlichen Inanspruchnahme Dritter abhängig gemacht werden;

bb) (Beschränkung auf Nacherfüllung)
die Ansprüche gegen den Verwender insgesamt oder bezüglich einzelner Teile auf ein Recht auf Nacherfüllung be-

schränkt werden, sofern dem anderen Vertragsteil nicht ausdrücklich das Recht vorbehalten wird, bei Fehlschlagen der Nacherfüllung zu mindern oder, wenn nicht eine Bauleistung Gegenstand der Mängelhaftung ist, nach seiner Wahl vom Vertrag zurückzutreten;

cc) (Aufwendungen bei Nacherfüllung)
die Verpflichtung des Verwenders ausgeschlossen oder beschränkt wird, die zum Zweck der Nacherfüllung erforderlichen Aufwendungen nach § 439 Absatz 2 und 3 oder § 635 Absatz 2 zu tragen oder zu ersetzen;

dd) (Vorenthalten der Nacherfüllung)
der Verwender die Nacherfüllung von der vorherigen Zahlung des vollständigen Entgelts oder eines unter Berücksichtigung des Mangels unverhältnismäßig hohen Teils des Entgelts abhängig macht;

ee) (Ausschlussfrist für Mängelanzeige)
der Verwender dem anderen Vertragsteil für die Anzeige nicht offensichtlicher Mängel eine Ausschlussfrist setzt, die kürzer ist als die nach dem Doppelbuchstaben ff zulässige Frist;

ff) (Erleichterung der Verjährung)
die Verjährung von Ansprüchen gegen den Verwender wegen eines Mangels in den Fällen des § 438 Abs. 1 Nr. 2 und des § 634a Abs. 1 Nr. 2 erleichtert oder in den sonstigen Fällen eine weniger als ein Jahr betragende Verjährungsfrist ab dem gesetzlichen Verjährungsbeginn erreicht wird;

9. (Laufzeit bei Dauerschuldverhältnissen)
bei einem Vertragsverhältnis, das die regelmäßige Lieferung von Waren oder die regelmäßige Erbringung von Dienst- oder Werkleistungen durch den Verwender zum Gegenstand hat,
   a) eine den anderen Vertragsteil länger als zwei Jahre bindende Laufzeit des Vertrags,
   b) eine den anderen Vertragsteil bindende stillschweigende Verlängerung des Vertragsverhältnisses um jeweils mehr als ein Jahr oder
   c) zu Lasten des anderen Vertragsteils eine längere Kündigungsfrist als drei Monate vor Ablauf der zunächst vorgesehenen oder stillschweigend verlängerten Vertragsdauer;

dies gilt nicht für Verträge über die Lieferung als zusammengehörig verkaufter Sachen sowie für Versicherungsverträge;

10. (Wechsel des Vertragspartners)
eine Bestimmung, wonach bei Kauf-, Darlehens-, Dienst- oder Werkverträgen ein Dritter anstelle des Verwenders in die sich aus dem Vertrag ergebenden Rechte und Pflichten eintritt oder eintreten kann, es sei denn, in der Bestimmung wird
    a) der Dritte namentlich bezeichnet oder
    b) dem anderen Vertragsteil das Recht eingeräumt, sich vom Vertrag zu lösen;
11. (Haftung des Abschlussvertreters)
eine Bestimmung, durch die der Verwender einem Vertreter, der den Vertrag für den anderen Vertragsteil abschließt,
    a) ohne hierauf gerichtete ausdrückliche und gesonderte Erklärung eine eigene Haftung oder Einstandspflicht oder
    b) im Falle vollmachtsloser Vertretung eine über § 179 hinausgehende Haftung
auferlegt;
12. (Beweislast)
eine Bestimmung, durch die der Verwender die Beweislast zum Nachteil des anderen Vertragsteils ändert, insbesondere indem er
    a) diesem die Beweislast für Umstände auferlegt, die im Verantwortungsbereich des Verwenders liegen, oder
    b) den anderen Vertragsteil bestimmte Tatsachen bestätigen lässt;
Buchstabe b gilt nicht für Empfangsbekenntnisse, die gesondert unterschrieben oder mit einer gesonderten qualifizierten elektronischen Signatur versehen sind;
13. (Form von Anzeigen und Erklärungen)
eine Bestimmung, durch die Anzeigen oder Erklärungen, die dem Verwender oder einem Dritten gegenüber abzugeben sind, gebunden werden
    a) an eine strengere Form als die schriftliche Form in einem Vertrag, für den durch Gesetz notarielle Beurkundung vorgeschrieben ist oder
    b) an eine strengere Form als die Textform in anderen als den in Buchstabe a genannten Verträgen oder
    c) an besondere Zugangserfordernisse;
14. (Klageverzicht)
eine Bestimmung, wonach der andere Vertragsteil seine Ansprüche gegen den Verwender gerichtlich nur geltend machen darf, nachdem er eine gütliche Einigung in einem Verfahren zur außergerichtlichen Streitbeilegung versucht hat;

15. (Abschlagszahlungen und Sicherheitsleistung)
eine Bestimmung, nach der der Verwender bei einem Werkvertrag
a) für Teilleistungen Abschlagszahlungen vom anderen Vertragsteil verlangen kann, die wesentlich höher sind als die nach § 632a Absatz 1 und § 650m Absatz 1 zu leistenden Abschlagszahlungen, oder
b) die Sicherheitsleistung nach § 650m Absatz 2 nicht oder nur in geringerer Höhe leisten muss.

§ 310 Anwendungsbereich

(1) § 305 Absatz 2 und 3, § 308 Nummer 1, 2 bis 8 und § 309 finden keine Anwendung auf Allgemeine Geschäftsbedingungen, die gegenüber einem Unternehmer, einer juristischen Person des öffentlichen Rechts oder einem öffentlich-rechtlichen Sondervermögen verwendet werden. § 307 Abs. 1 und 2 findet in den Fällen des Satzes 1 auch insoweit Anwendung, als dies zur Unwirksamkeit von in § 308 Nummer 1, 2 bis 8 und § 309 genannten Vertragsbestimmungen führt; auf die im Handelsverkehr geltenden Gewohnheiten und Gebräuche ist angemessen Rücksicht zu nehmen. In den Fällen des Satzes 1 finden § 307 Absatz 1 und 2 sowie § 308 Nummer 1a und 1b auf Verträge, in die die Vergabe- und Vertragsordnung für Bauleistungen Teil B (VOB/B) in der jeweils zum Zeitpunkt des Vertragsschlusses geltenden Fassung ohne inhaltliche Abweichungen insgesamt einbezogen ist, in Bezug auf eine Inhaltskontrolle einzelner Bestimmungen keine Anwendung.
(2) Die §§ 308 und 309 finden keine Anwendung auf Verträge der Elektrizitäts-, Gas-, Fernwärme- und Wasserversorgungsunternehmen über die Versorgung von Sonderabnehmern mit elektrischer Energie, Gas, Fernwärme und Wasser aus dem Versorgungsnetz, soweit die Versorgungsbedingungen nicht zum Nachteil der Abnehmer von Verordnungen über Allgemeine Bedingungen für die Versorgung von Tarifkunden mit elektrischer Energie, Gas, Fernwärme und Wasser abweichen. Satz 1 gilt entsprechend für Verträge über die Entsorgung von Abwasser.
(3) Bei Verträgen zwischen einem Unternehmer und einem Verbraucher (Verbraucherverträge) finden die Vorschriften dieses Abschnitts mit folgenden Maßgaben Anwendung:

1. Allgemeine Geschäftsbedingungen gelten als vom Unternehmer gestellt, es sei denn, dass sie durch den Verbraucher in den Vertrag eingeführt wurden;
2. § 305c Abs. 2 und die §§ 306 und 307 bis 309 dieses Gesetzes sowie Artikel 46b des Einführungsgesetzes zum Bürgerlichen Gesetzbuche finden auf vorformulierte Vertragsbedingungen auch dann Anwendung, wenn diese nur zur einmaligen Verwendung bestimmt sind und soweit der Verbraucher auf Grund der Vorformulierung auf ihren Inhalt keinen Einfluss nehmen konnte;
3. bei der Beurteilung der unangemessenen Benachteiligung nach § 307 Abs. 1 und 2 sind auch die den Vertragsschluss begleitenden Umstände zu berücksichtigen.

(4) Dieser Abschnitt findet keine Anwendung bei Verträgen auf dem Gebiet des Erb-, Familien- und Gesellschaftsrechts sowie auf Tarifverträge, Betriebs- und Dienstvereinbarungen. Bei der Anwendung auf Arbeitsverträge sind die im Arbeitsrecht geltenden Besonderheiten angemessen zu berücksichtigen; § 305 Abs. 2 und 3 ist nicht anzuwenden. Tarifverträge, Betriebs- und Dienstvereinbarungen stehen Rechtsvorschriften im Sinne von § 307 Abs. 3 gleich.

Anhang II: Rechtsvergleichender Überblick zur Inhaltskontrolle von Verträgen im unternehmerischen Verkehr

	Allgemeines und Anwendungsbereich der Gerichtlichen Kontrolle	Tatbestand	Rechtsfolge
Frankreich	• Spezielle Regelung für den unternehmerischen Verkehr (Art. L 442–6 I 2 Code de Commerce) • Keine Unterscheidung zwischen vorformulierten und ausgehandelten Vertragsbedingungen • Darüber hinaus gerichtliche Kontrolle des Vertragsinhaltes über die Doktrin der *cause* (Störung des formalen Gleichgewichts des Vertrages): Haftungsfreizeichnung unwirksam, wenn sie im Falle der Anwendung dem Vertrag jede Substanz raubt und das Synallagma zwischen Leistung und Gegenleistung so weit beeinträchtigt, dass der Sinn des Vertrages schlechterdings entfällt.	• Verboten: Vertragsgestaltungen, die ein *erhebliches Ungleichgewicht* zwischen den Vertragspartnern begründen; • Auslegung durch die Gerichte abweichend von der gleichlautenden Regelung für Verbraucherverträge (unterschiedliche Schutzwürdigkeit); • Str., ob Kontrolle der einzelnen Klausel oder der Gesamtheit des Vertrages	Ausdrücklich nur Haftung („responsabilité“); dennoch nach h.M. auch Geltendmachung der Nichtigkeit im Zivilprozess möglich

	Allgemeines und Anwendungsbereich der Gerichtlichen Kontrolle	Tatbestand	Rechtsfolge
England	• Unfair Contract Terms Act 1988 (UCTA): Kontrolle nur von Haftungsbeschränkungen und -ausschlüssen (= jede Erschwerung von Ersatzansprüchen und die Beschränkung von Rechtsbehelfen); • Keine Unterscheidung zwischen vorformulierten und ausgehandelten Vertragsbedingungen • Ausschluss der Kontrolle von Versicherungsverträgen, Immobilienverträgen, Verträgen über Immaterialgüter, Gesellschaftsverträgen, Verträgen über Wertpapiere und Verträgen mit internationalem Bezug	• Absolute Klauselverbote und relative Klauselverbote; bei Letzteren zur Feststellung der Unwirksamkeit: *test of reasonableness* • u.a. relatives Klauselverbot bei *written standard terms of business* für bestimmte Vertragsinhalte (Art. 3 UCTA) o Qualifikation nicht der einzelnen Klausel, sondern des gesamten Vertrages; o ab bestimmtem Umfang der Verhandlungen keine *written standard terms of business* • Test of reasonableness: o Def.: Unter Berücksichtigung der Umstände, die den Beteiligten zum Zeitpunkt des Vertragsschlusses bekannt waren oder hätten bekannt sein müssen, fair und angemessen o Kriterien: relative Verhandlungsstärke der Parteien, Leistungsfähigkeit des Haftenden, Verfügbarkeit von Versicherungsschutz o Prüfung der *reasonableness* der Klausel *im konkreten Vertrag* o Gerichtliche Kontrolle wird bei Unternehmerverträgen zurückhaltend ausgeübt	Unwirksamkeit, keine geltungserhaltende Reduktion

	Allgemeines und Anwendungsbereich der Gerichtlichen Kontrolle	Tatbestand	Rechtsfolge
USA	• Keine besonderen Regeln für den unternehmerischen Verkehr • keine Differenzierung zwischen vorformulierten und individuell ausgehandelten Vertragsklauseln	• Unconscionability (§ 2–302 UCC): übermäßige Benachteiligung einer Partei oder fehlende Entscheidungsfreiheit der Partei • vorformulierte Klauseln können stärkerer Kontrolle unterliegen • Unangemessenheit kann sich aus den Umständen des Vertragsschlusses (insb. Verhandlungsungleichgewicht) und dem Inhalt des Vertrages ergeben • Zurückhaltung der Gerichte bei Unternehmerverträgen	Flexible Rechtsfolge im Ermessen des Gerichts: Ablehnung der Durchsetzung des Vertrages, Unwirksamkeit nur der Klausel oder Einschränkung der Klausel
Österreich	• § 879 III ABGB: Kontrolle von Vertragsbestimmungen in AGB und Vertragsformblättern • Begriff der AGB ähnlich wie in Deutschland	• Gröbliche Benachteiligung eines Teils unter Berücksichtigung aller Umstände des Falles • Bewegliche Beurteilung im Einzelfall: Ausmaß der objektiven Äquivalenzstörung und Grad der Willensbildungsstörung als maßgebliche Kriterien; Folge: Prüfung im Einzelfall ob Ungleichgewichtslage zwischen den Parteien besteht • Umfangreichere Möglichkeiten der Kompensation nachteiliger Klauseln durch andere Bestimmungen (auch Preis) • spezielle Klauselverbote im KSchG finden auf Unternehmer nicht unmittelbar Anwendung; Übertragung nur unter dem Vorbehalt, dass eine vergleichbare Ungleichgewichtslage besteht	Geltungserhaltende Reduktion

	Allgemeines und Anwendungsbereich der Gerichtlichen Kontrolle	Tatbestand	Rechtsfolge
Schweiz	• Inhaltskontrolle nach Art. 8 UWG nur auf Verbraucherverträge anwendbar • Für Unternehmerverträge nur ungeschriebene Grundsätze, die sich auf die Frage beziehen, ob AGB wirksam einbezogen sind (Ungewöhnlichkeitsregel) und zu wessen Lasten Unklarheiten gehen		
Polen	Anwendbarkeit nur auf Verbraucherverträge		
Niederlande	Unanwendbarkeit der Inhaltskontrolle nach Art. 6:233 BW, wenn Gewerbetreibende mehr als 50 Personen beschäftigen oder als Handelsgesellschaft zur Veröffentlichung eines Jahresabschlusses verpflichtet sind (Art. 6:235 BW)	Relative und absolute Klauselverbote sind nur auf Verbraucherverträge anwendbar	
Dänemark, Finnland, Schweden	• § 36 ContrA • Keine Differenzierung zwischen vorformulierten und individuell ausgehandelten Vertragsklauseln	• Verbot unlauterer Bestimmungen • Im Unternehmerverkehr ist dabei nicht nur auf den Inhalt der Vertragsbestimmung und die Umstände bei und nach Vertragsschluss, sondern auch auf die Lage der Parteien abzustellen	

Anhang III: Teilnehmerinnen und Teilnehmer des Workshops „Reform der AGB-Kontrolle im B2B-Bereich“ am 14.5.2019 an der Universität Regensburg

Silvia Bartodziej, Bundesministerium der Justiz und für Verbraucherschutz

Prof. Dr. Helge Großerichter, Sernetz Schäfer Rechtsanwälte

Prof. Dr. Carsten Herresthal, Universität Regensburg

Dr. Lambert Köhling, Bundesverband deutscher Banken e.V.

Dr. Jörg Kondring, Rechtsanwalt , Voith GmbH & Co. KGaA

Max Liesenhoff, STEAG GmbH (für EFET Deutschland)

Dr. Jan Lischek, Syndikusrechtsanwalt, Siemens Healthcare GmbH

Michael Lotz, Ministerium der Justiz und für Europa Baden-Württemberg

Dr. Dr. h.c. Georg Maier-Reimer LL. M. (Harvard), Rechtsanwalt, Oppenhoff & Partner

Dr. Ingo W. Marfording, Sopra Steria SE

Jan Paul Marschollek, ZVEI - Zentralverband Elektrotechnik- und Elektronikindustrie e.V.

Alexander Meyer, Sächsisches Staatsministerium der Justiz und für Demokratie, Europa und Gleichstellung

Christin Moldenhauer, Siemens AG

Dr. Werner Müller, Rechtsanwalt, Baker McKenzie

Prof. Dr. Wolfgang Müller, Schlüter Graf Rechtsanwälte PartG mbB

Dr. Lisa Pfaffinger, Bayerisches Staatsministerium der Justiz

Prof. Dr. Dr. h.c. Thomas Pfeiffer, Universität Heidelberg

Matthias Rist, Bayerisches Staatsministerium der Justiz

Dr. Rainer Siedler, Bundesverband deutscher Volksbanken und Raiffeisenbanken e.V.

Christian Steinberger, VDMA - Verband Deutscher Maschinen- und Anlagenbau

Dr. Felix Tausch, Ministerium der Justiz und für Europa Baden-Württemberg

Julia Thomas, Bundesverband deutscher Banken e.V.

PD Dr. Matthias Wendland LL.M. (Harvard), Ludwig-Maximilians-Universität München

Prof. Dr. Wolfgang Wurmnest, Universität Augsburg

FSC
www.fsc.org
MIX
Papier | Fördert
gute Waldnutzung
FSC® C083411

Kolibri 360 GmbH
Ferdinand-Jühlke-Straße 7
99095 Erfurt, Deutschland
produktsicherheit@kolibri360.de